ENCYCLOPÉDIE-RORET

CONSTRUCTION

DES

ESCALIERS EN BOIS

BAR-SUR-SEINE. — IMP. Ve C. SAILLARD

MANUELS - RORET

NOUVEAU MANUEL COMPLET

DE LA

CONSTRUCTION

DES

ESCALIERS EN BOIS

TRAITANT

DE LA MANIPULATION ET DU POSAGE DES ESCALIERS

A UNE OU PLUSIEURS RAMPES

DE TOUS LES MODÈLES ET S'ADAPTANT A TOUTES LES CONSTRUCTIONS

PUBLIQUES, PARTICULIÈRES OU INDUSTRIELLES

TANT A LA VILLE QU'A LA CAMPAGNE

PAR

C. BOUTEREAU

Ancien Professeur de Géométrie et de Mécanique appliquées aux Arts et à l'Industrie

---

ATLAS

PARIS

L. MULO, LIBRAIRE-ÉDITEUR

12, RUE HAUTEFEUILLE, 12

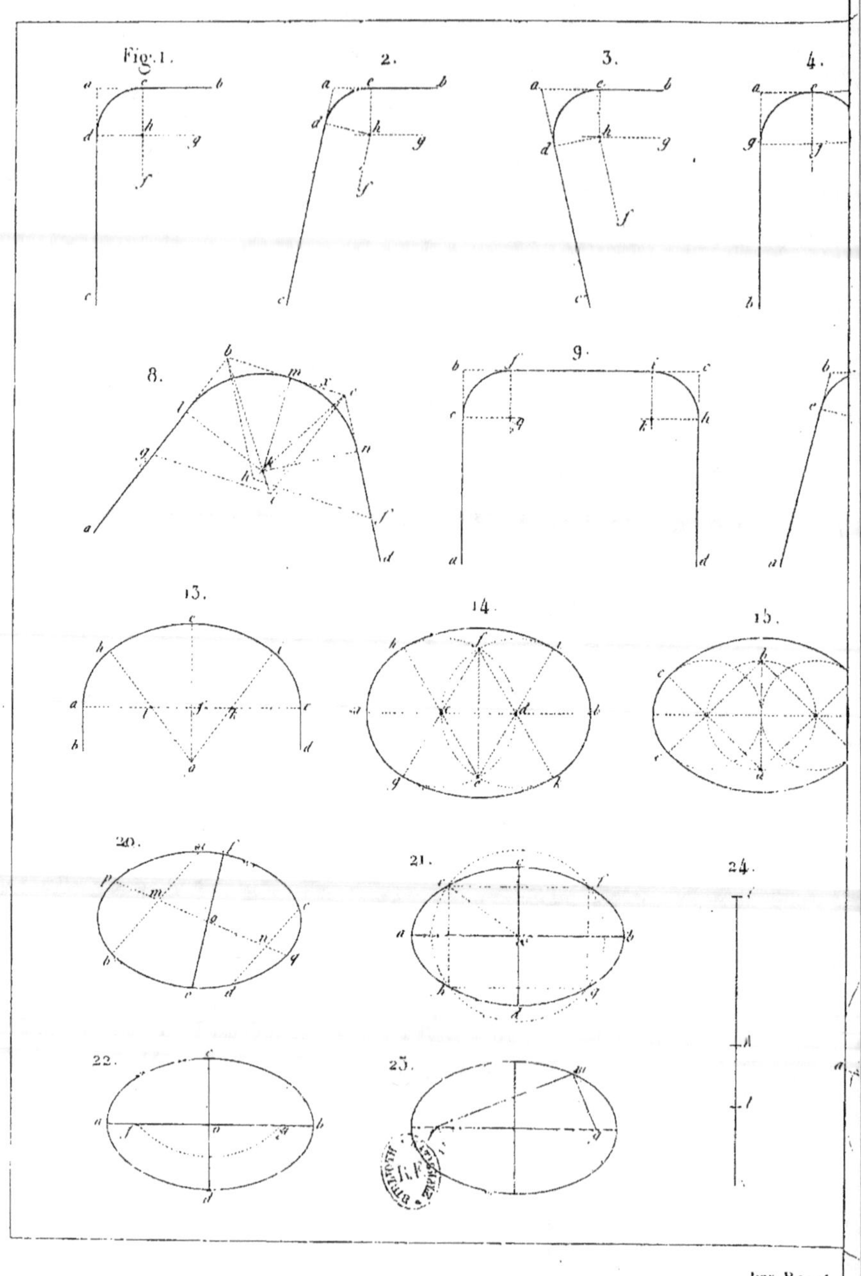

Fig. 1.
2.
3.
4.
8.
9.
13.
14.
15.
20.
21.
24.
22.
23.

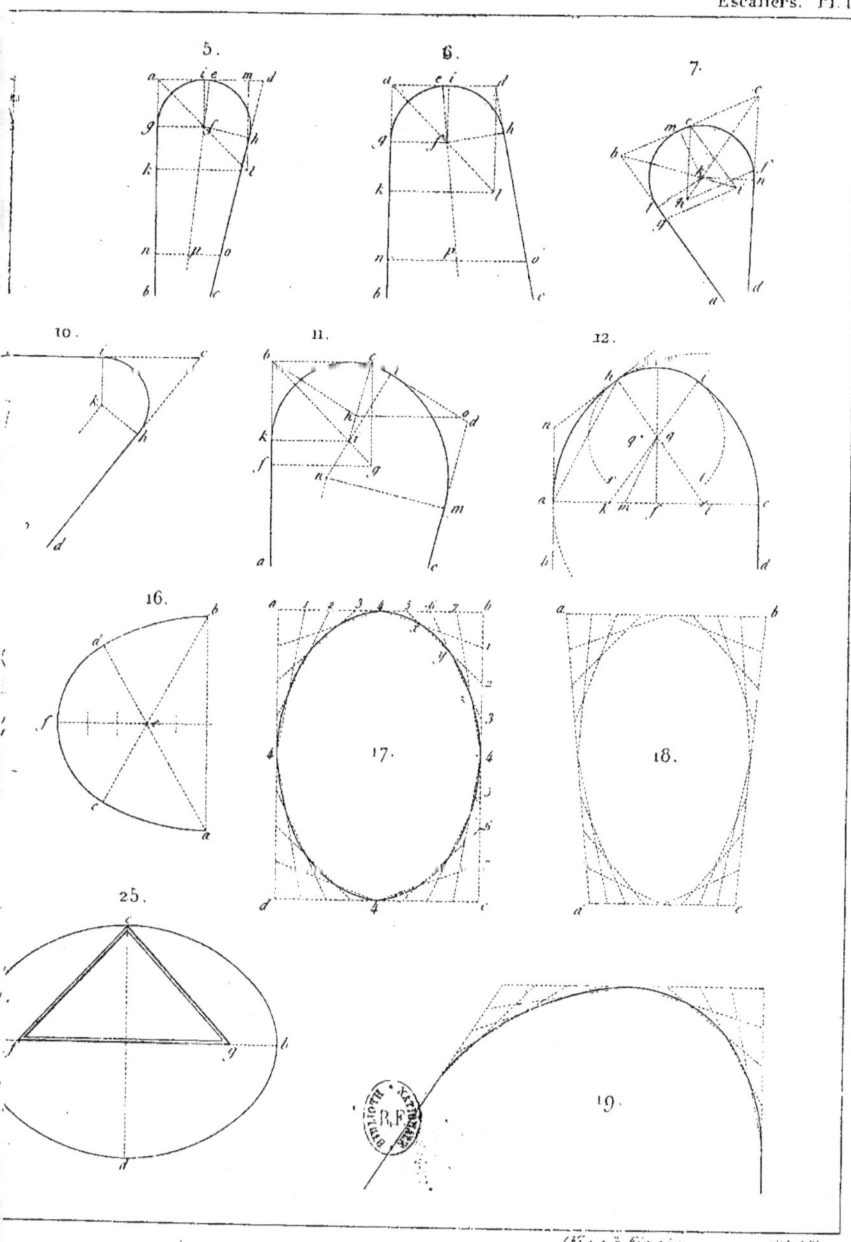

(Fig. 1 à Fig. 25).

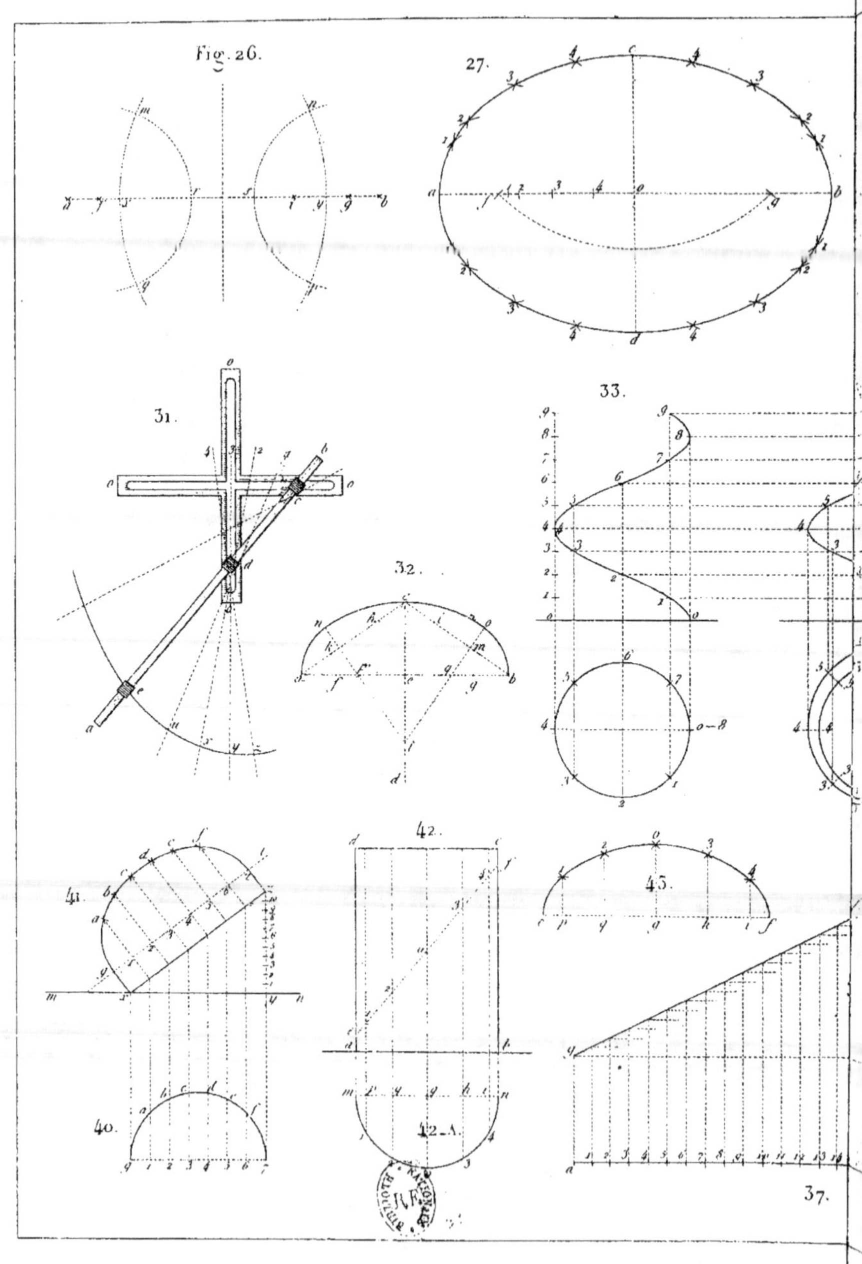

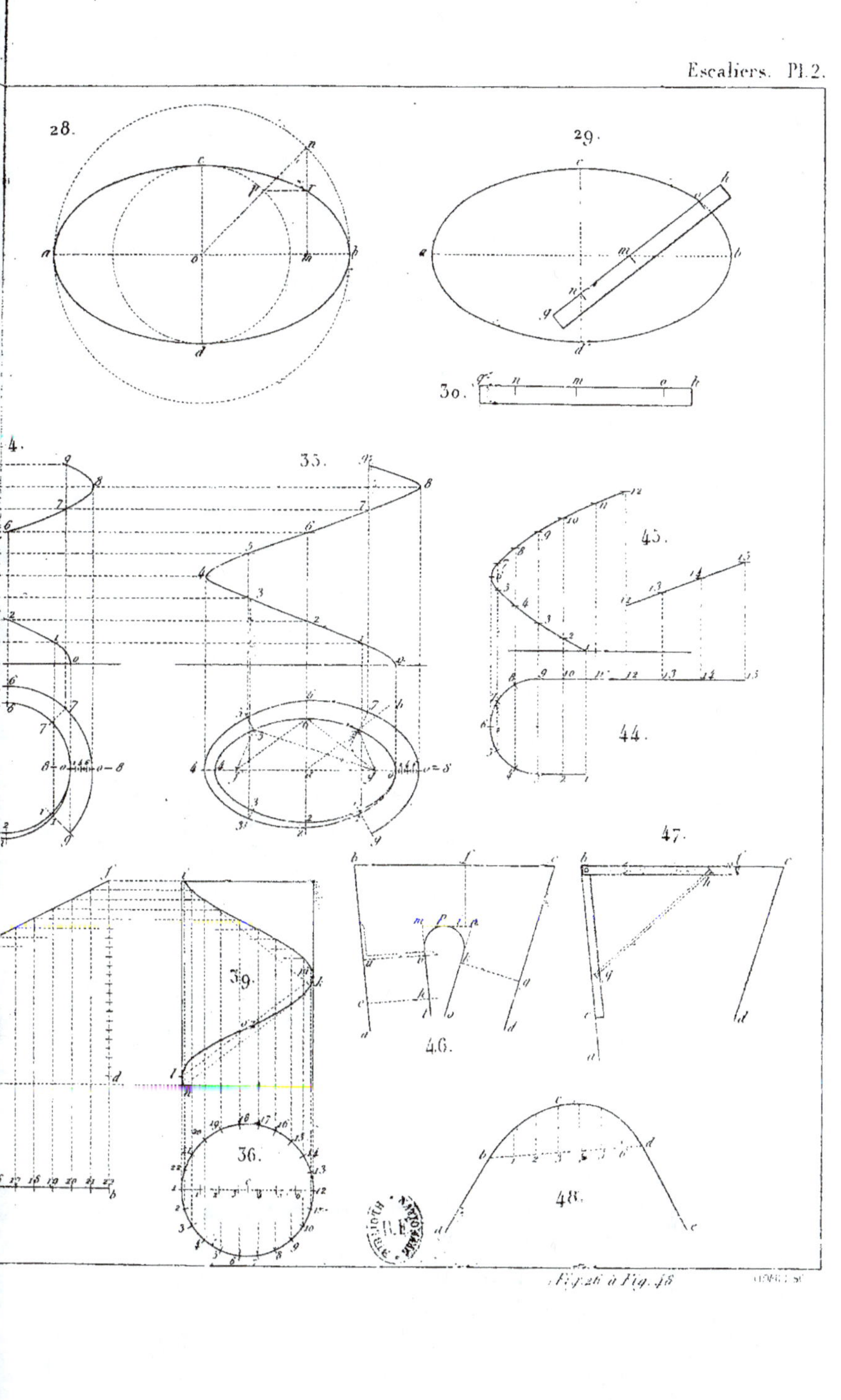

Fig. 26 à Fig. 48.

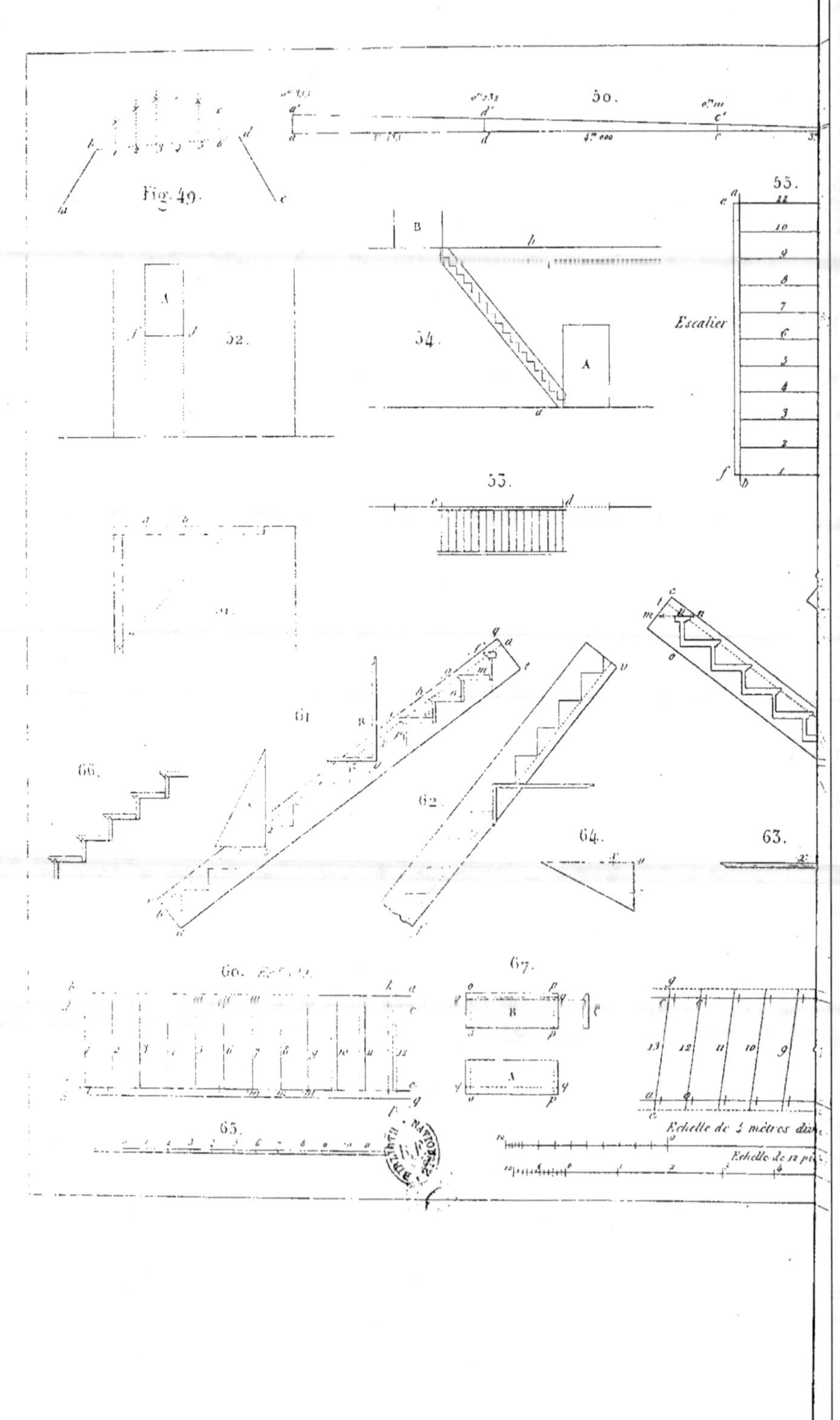
Fig. 49.
50.
52.
54.
55.
Escalier
53.
61.
66.
62.
64.
63.
60.
67.
65.
Echelle de 2 mètres dix.
Echelle de 12 pi.

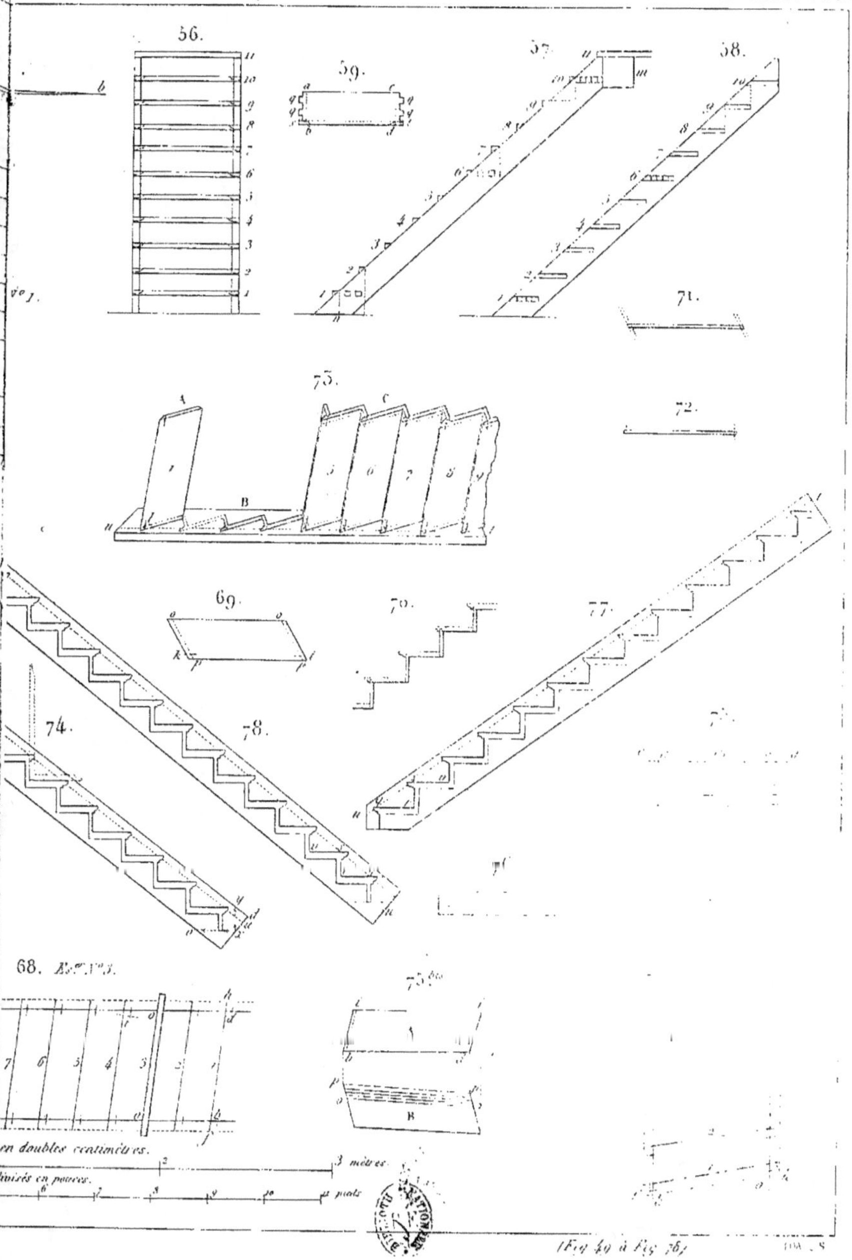

56.

59.

57.

58.

71.

73.

72.

69.

70.

77.

74.

78.

75.

68.

en doubles centimètres.

3 mètres

divisés en pouces.

(Fig. 49 à Fig. 78.)

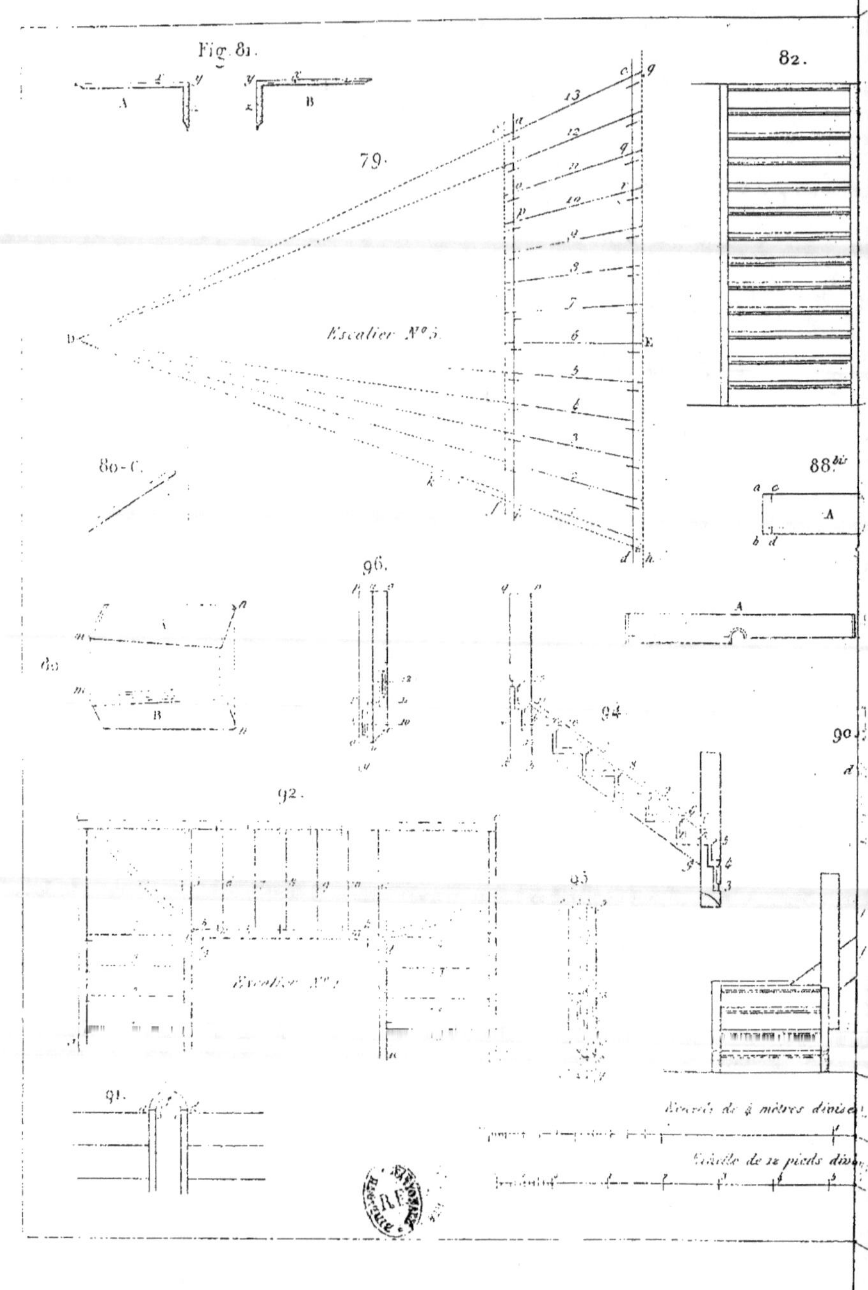

Fig. 81.
A
B
82.
79.
Escalier Nº 5.
D
E
13
12
11
10
9
8
7
6
5
4
3
2
80-C.
88 bis
A
a c
b d
96.
A
94.
90.
92.
Escalier Nº
93.
91.
Echelle de 4 mètres divisée
Echelle de 12 pieds divisée

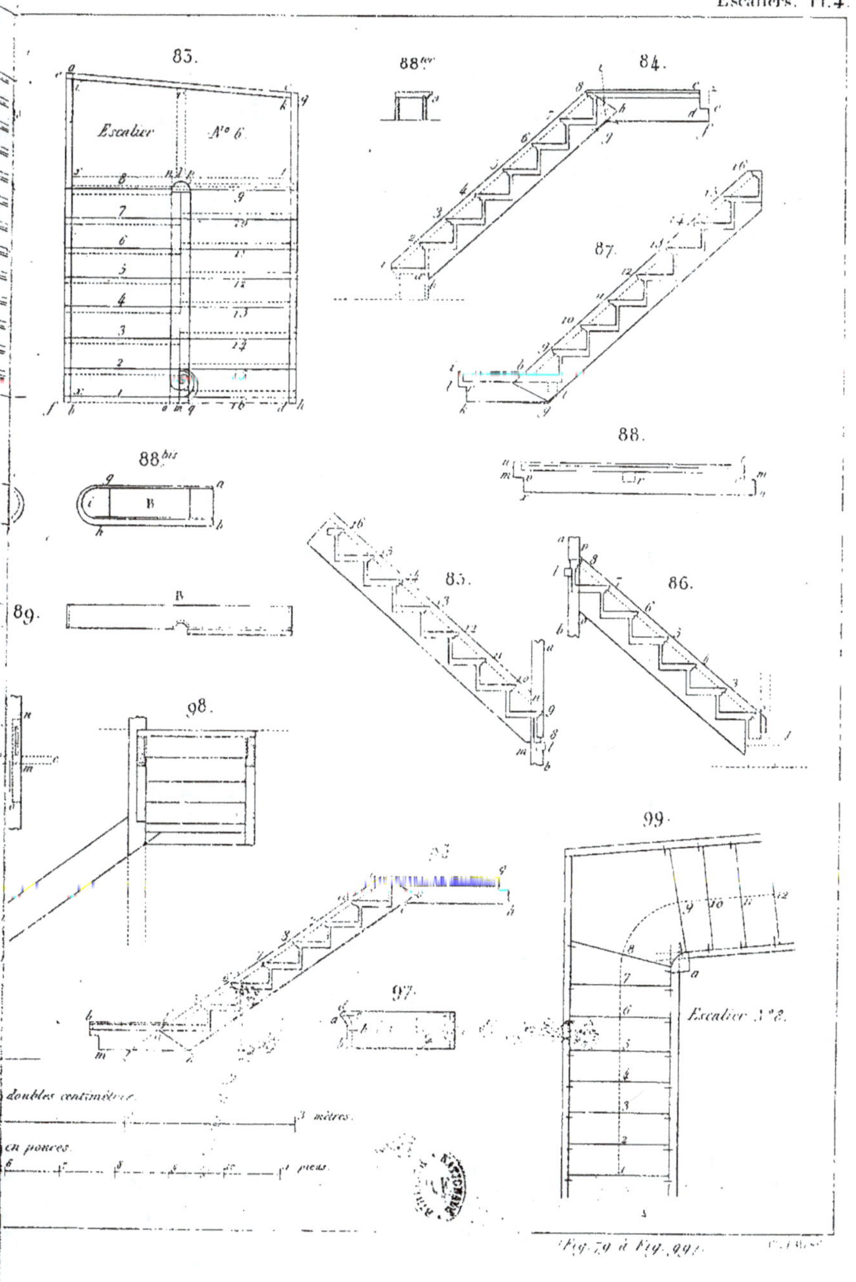
83.
Escalier   N° 6.
88ter
84.
87.
88bis
88.
89.
85.
86.
98.
99.
97.
Escalier N° 8.
doubles centimètres.
mètres.
en pouces.
pieds.

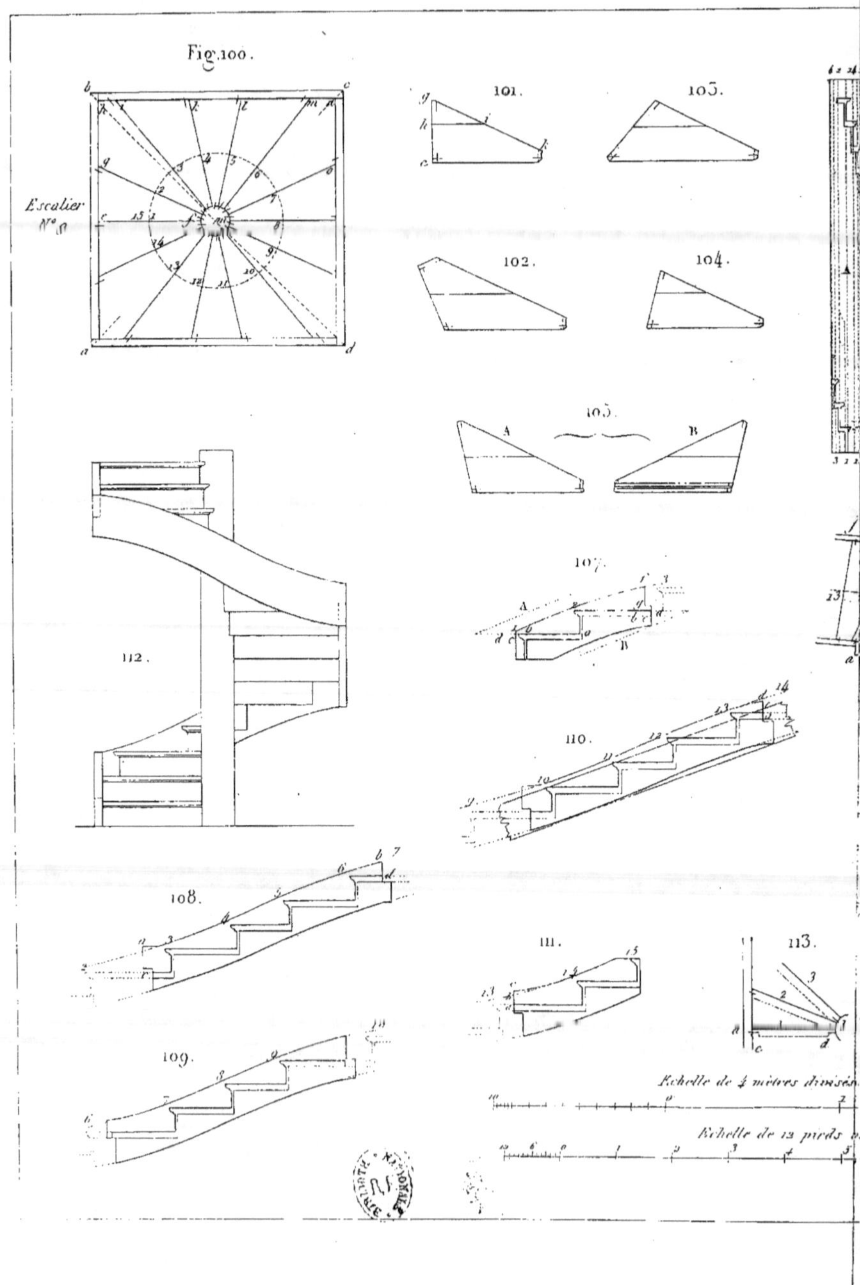

Fig.100.
Escalier
N.º 19
101.
102.
103.
104.
105.
A
B
107.
108.
109.
110.
111.
112.
113.
Echelle de 4 mètres divisée
Echelle de 12 pieds

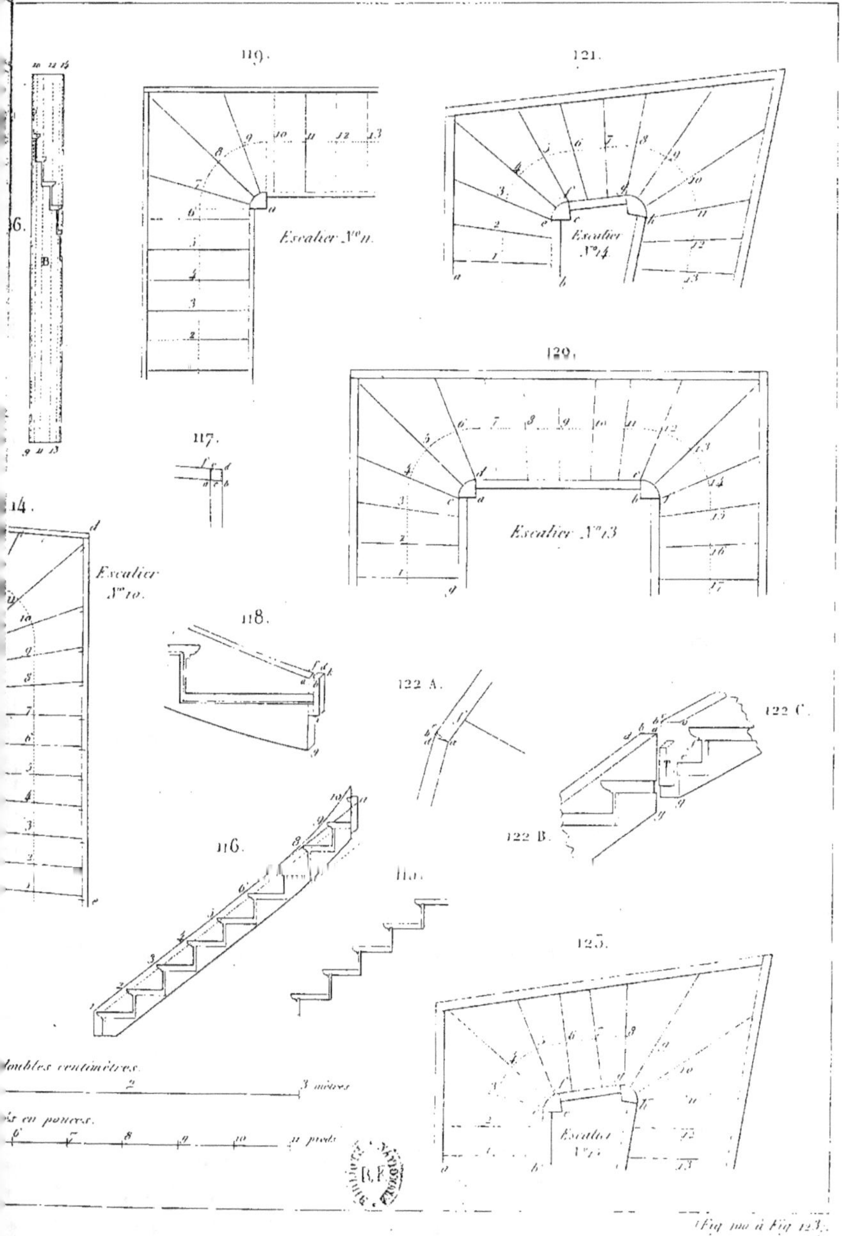

119.

121.

Escalier N° 11.

Escalier N° 14.

120.

117.

Escalier N° 13.

Escalier N° 10.

118.

122 A.

122 C.

116.

115.

122 B.

125.

doubles centimètres.

3 mètres

pieds en pouces.

11 pieds

Escalier N° 12.

(Fig 116 à Fig 123).

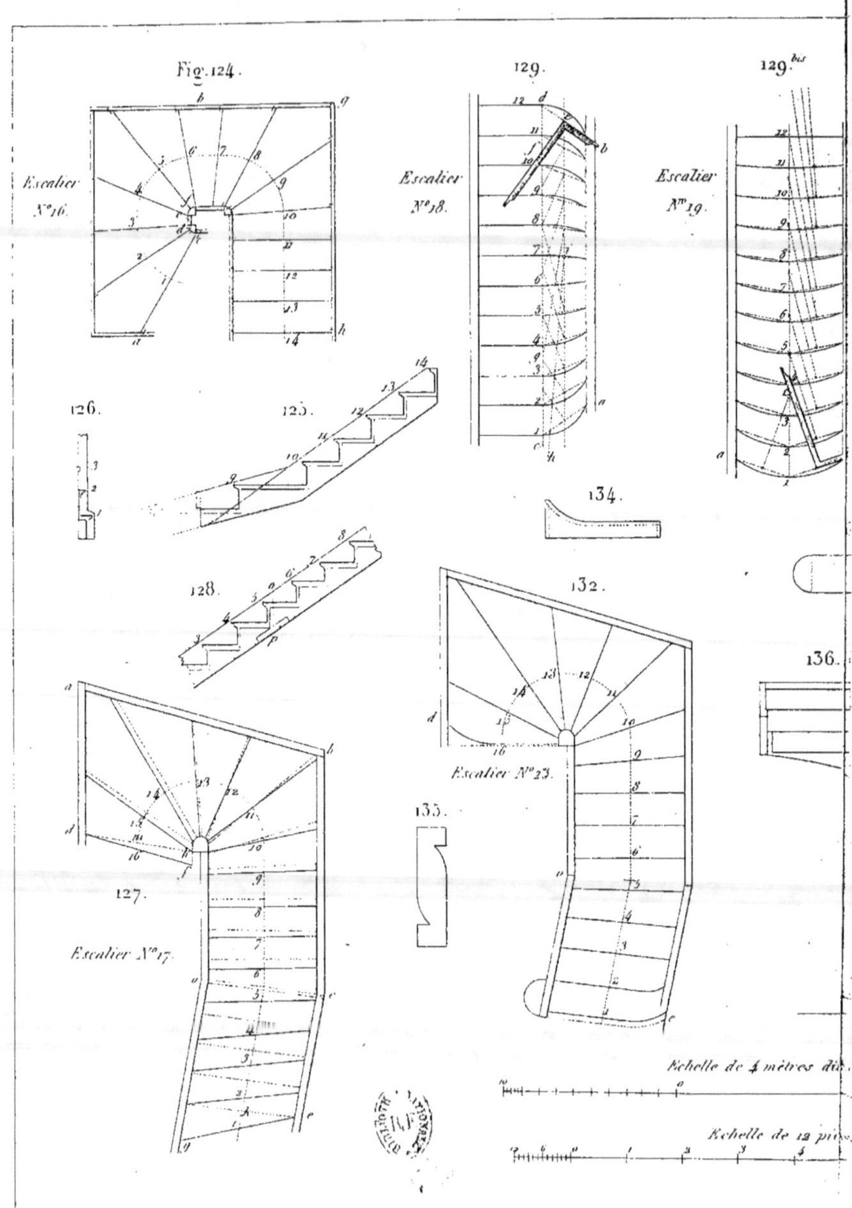

Fig. 124.
Escalier N° 16.
129.
Escalier N° 18.
129 bis
Escalier N° 19.
126.
125.
128.
134.
132.
Escalier N° 23.
136.
135.
127.
Escalier N° 17.
Echelle de 4 mètres dix.
Echelle de 12 pieds.

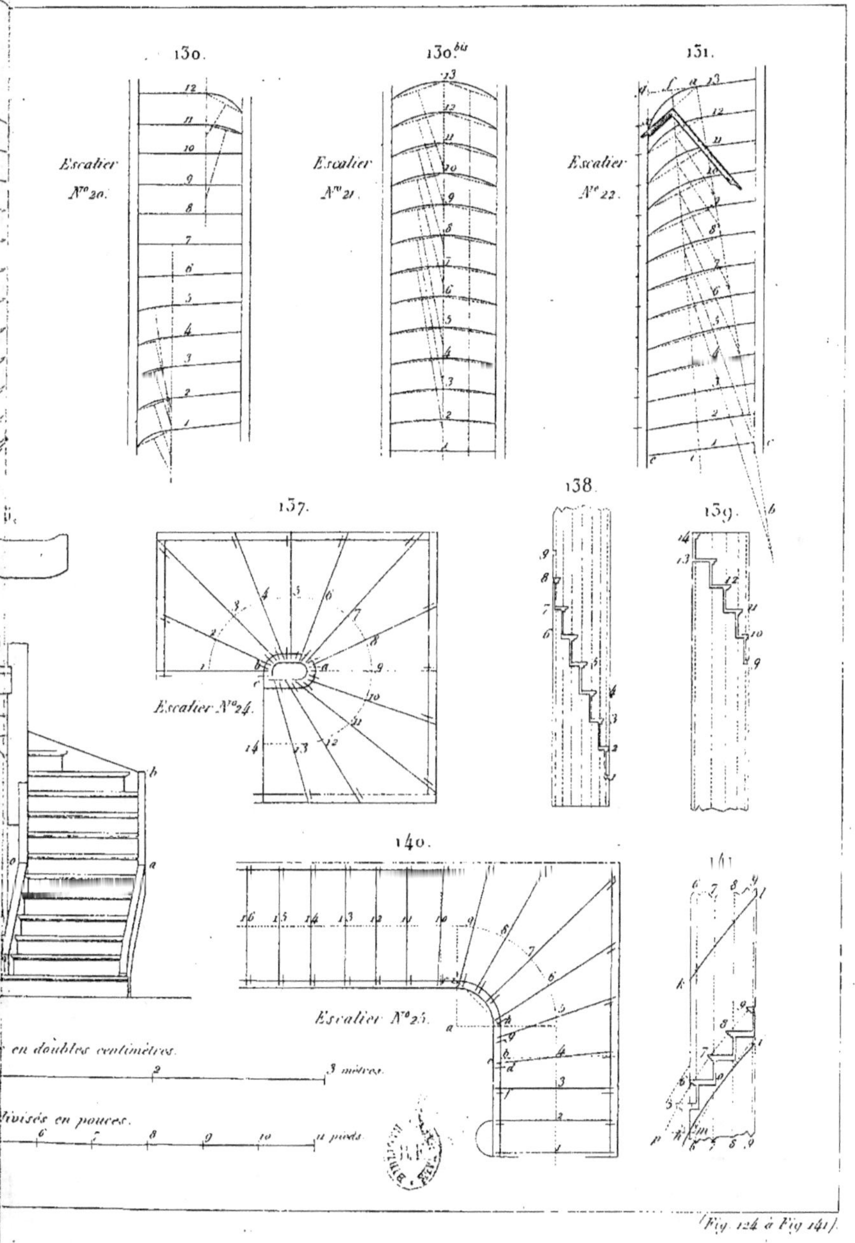

(Fig. 124 à Fig. 141).

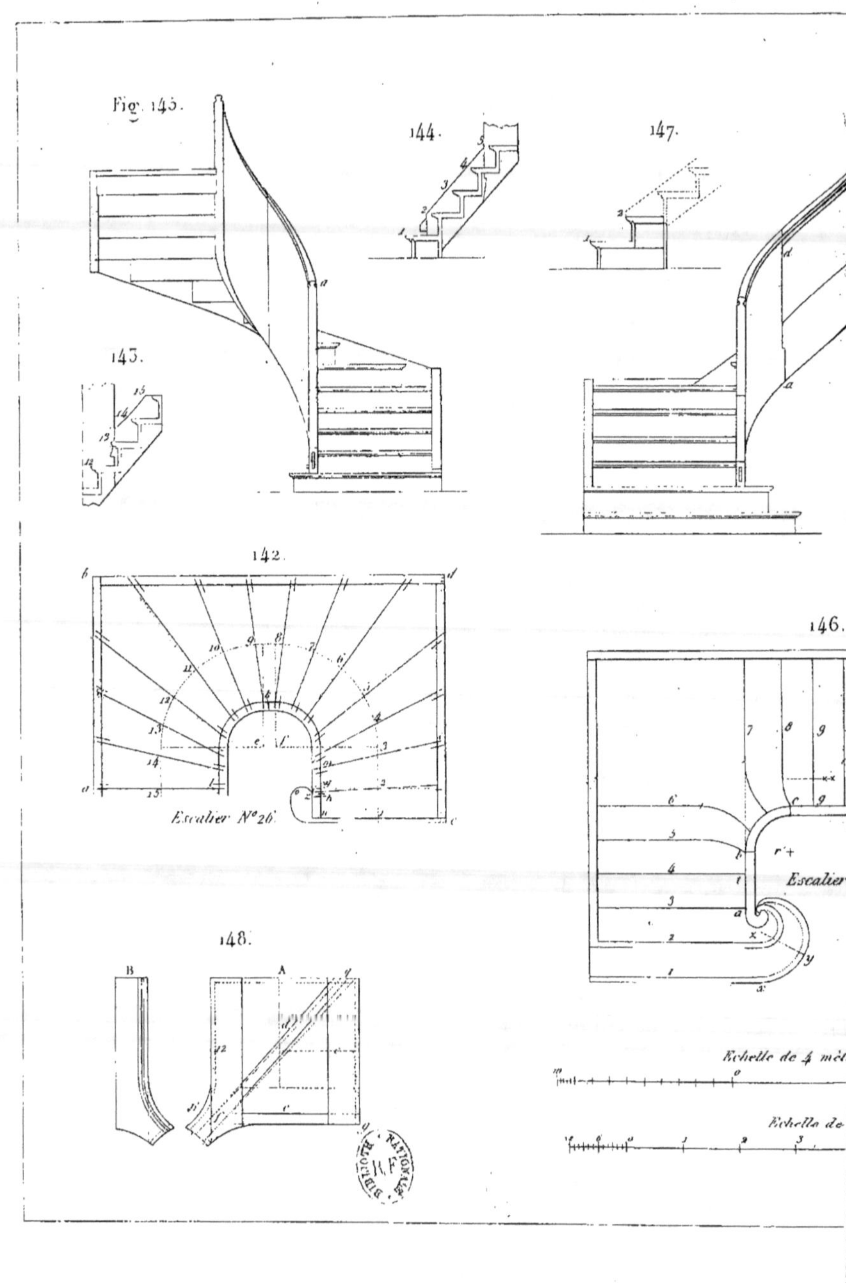

Fig. 145.
144.
147.
143.
142.
Escalier N°26.
146.
Escalier
148.
Echelle de 4 mèt.
Echelle de

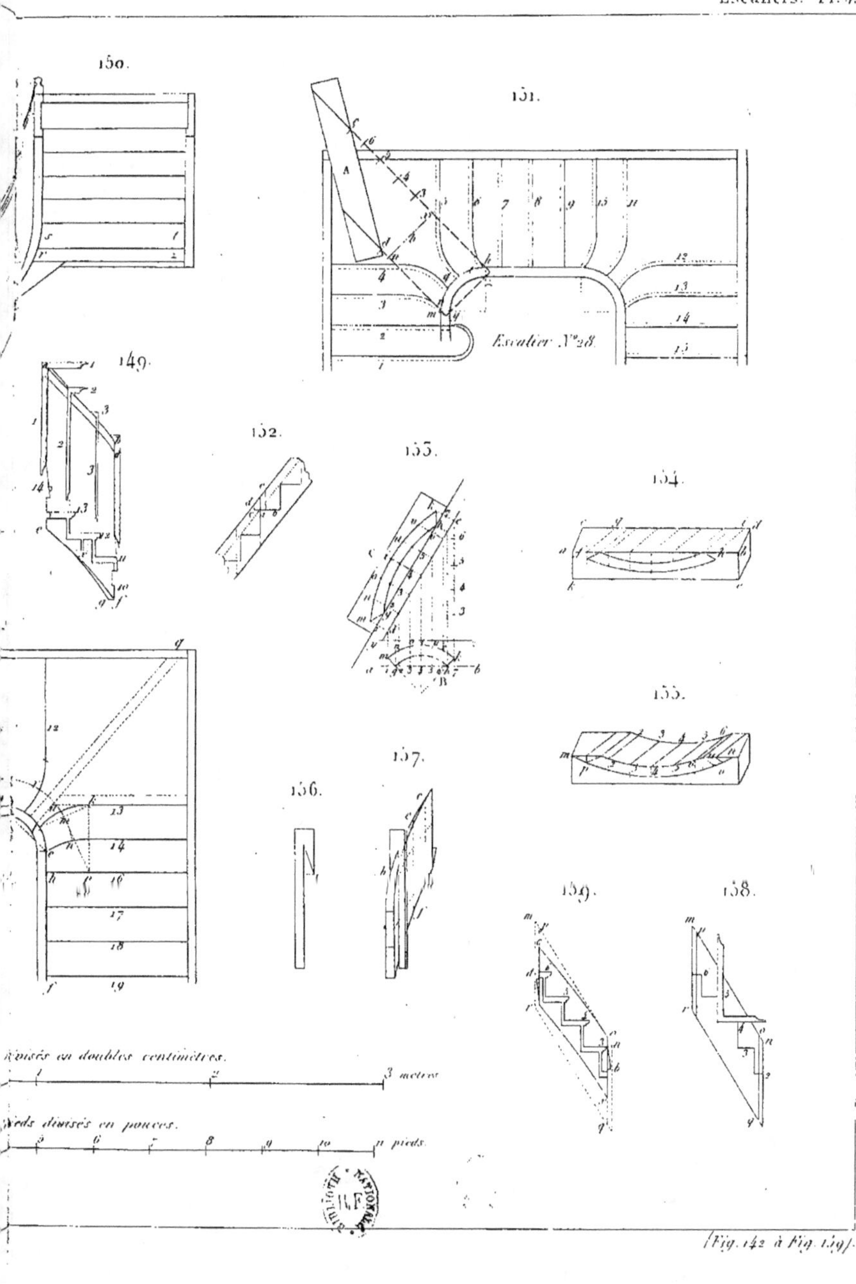

Réduits en doubles centimètres.

3 mètres

Pieds divisés en pouces.

11 pieds.

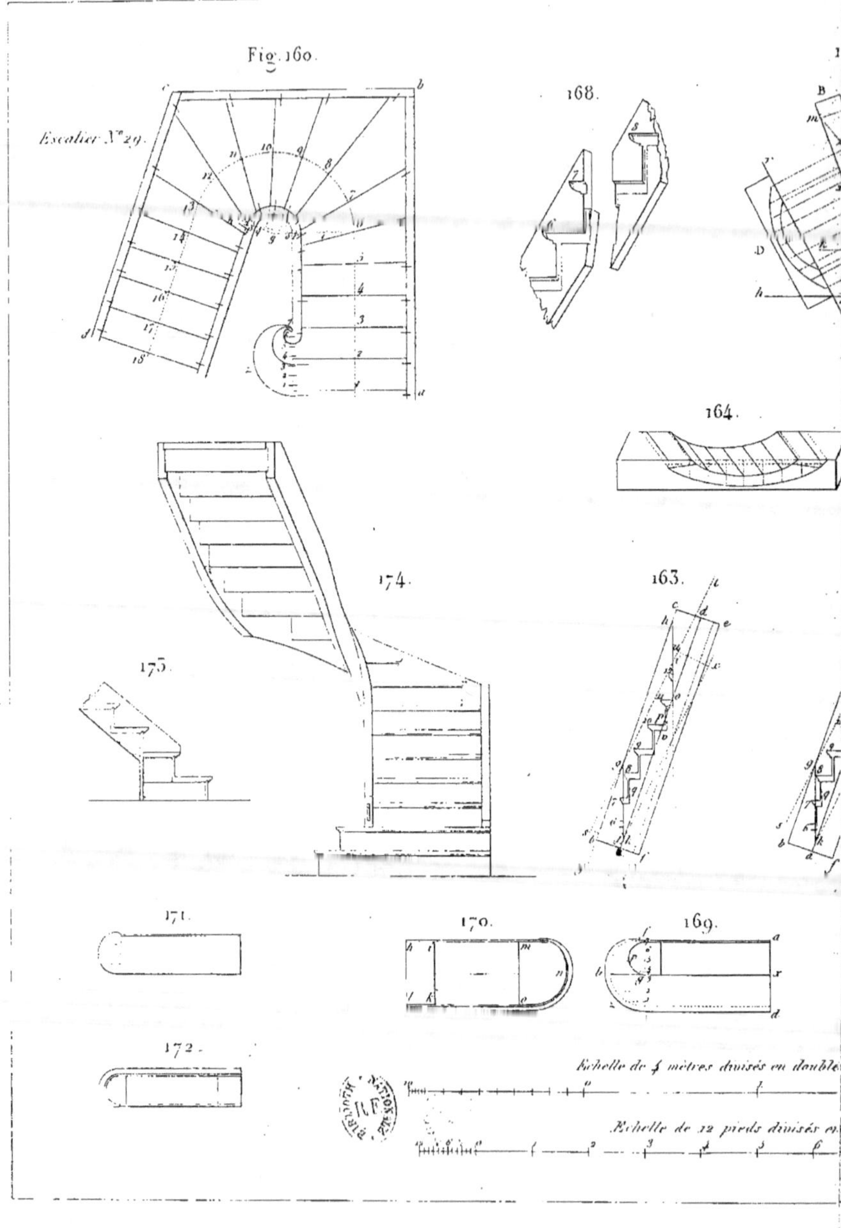

Fig. 160.
Escalier N° 29.
168.
164.
174.
163.
175.
171.
170.
169.
172.
Echelle de 4 mètres divisés en doubles
Echelle de 12 pieds divisés en

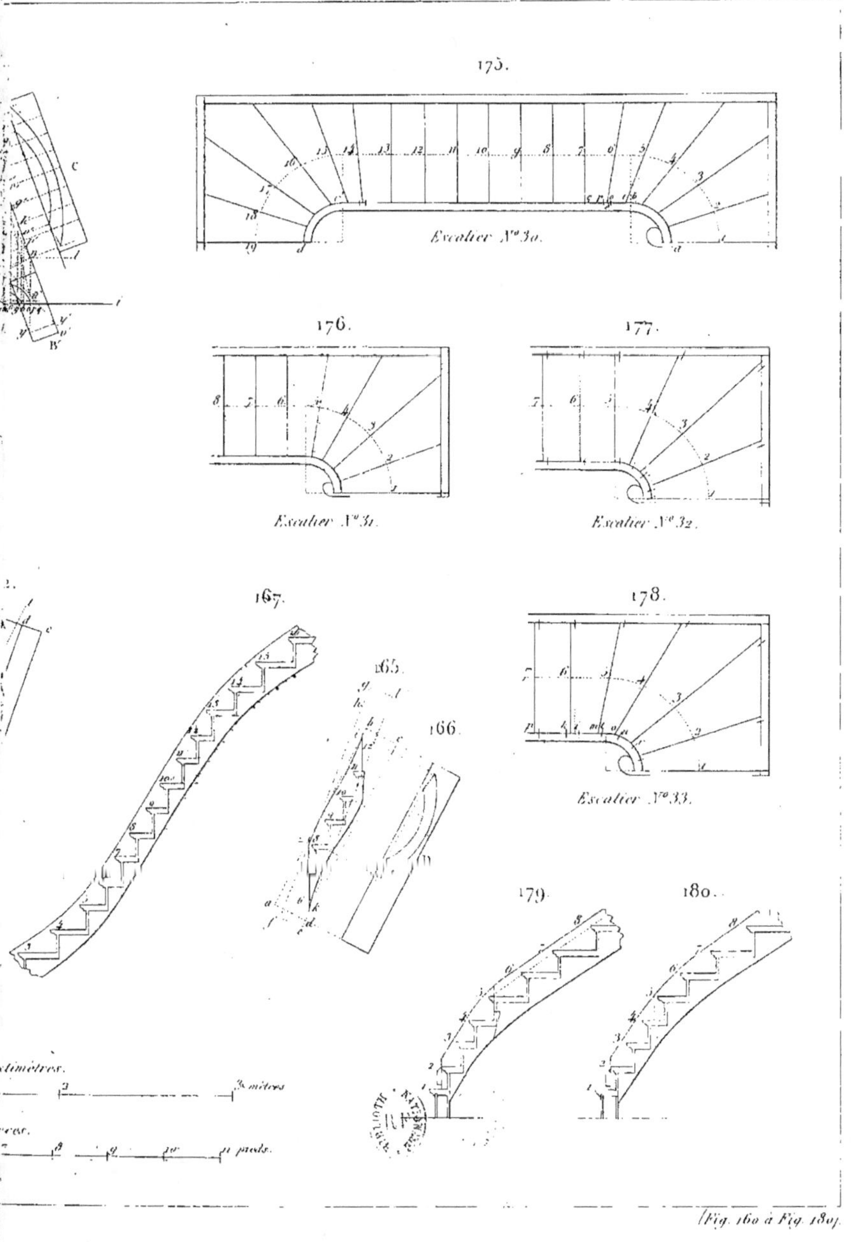

175.

Escalier N.º 30.

176.

Escalier N.º 31.

177.

Escalier N.º 32.

167.

165.

166.

178.

Escalier N.º 33.

179.

180.

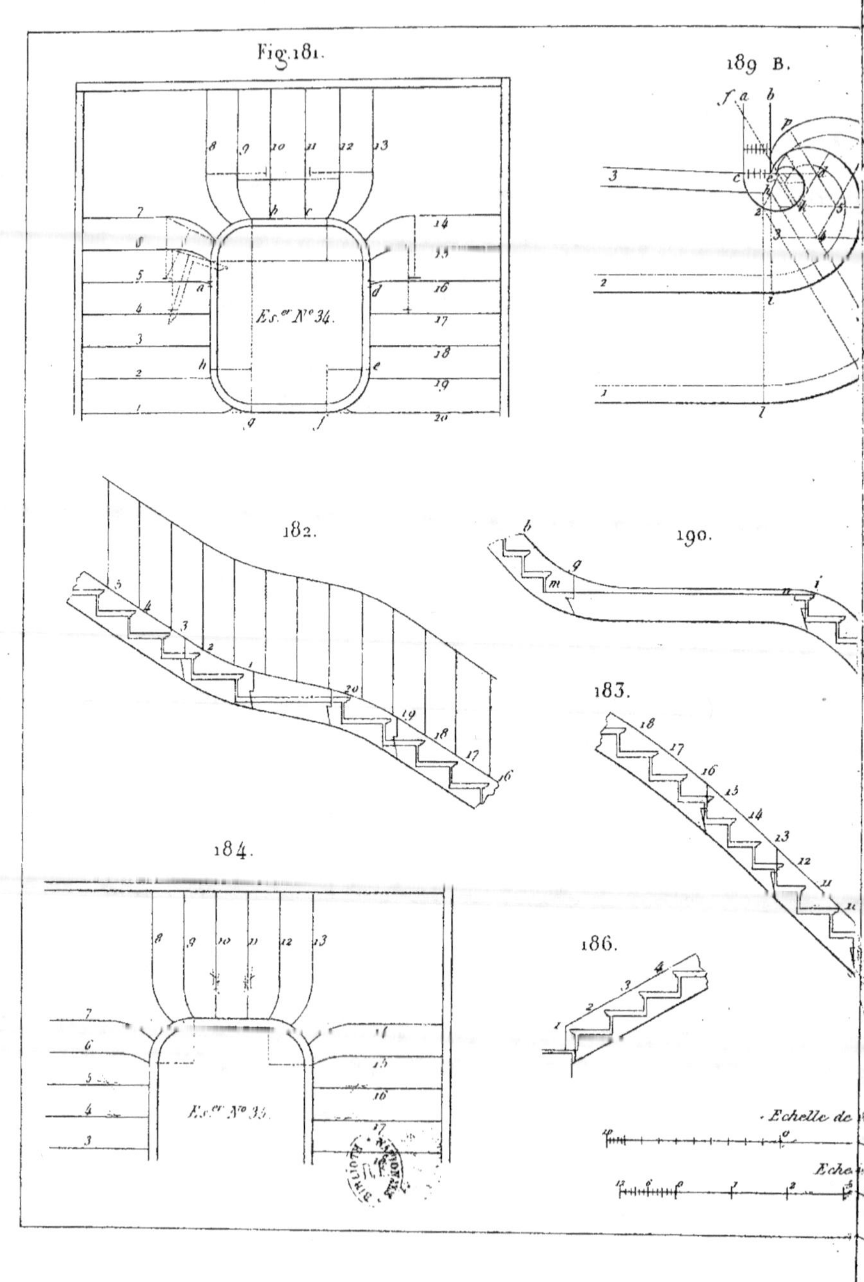

Fig. 181.
189 B.
Es.or No 34.
182.
190.
184.
183.
186.
Es.er No 35.
Echelle de
Echelle

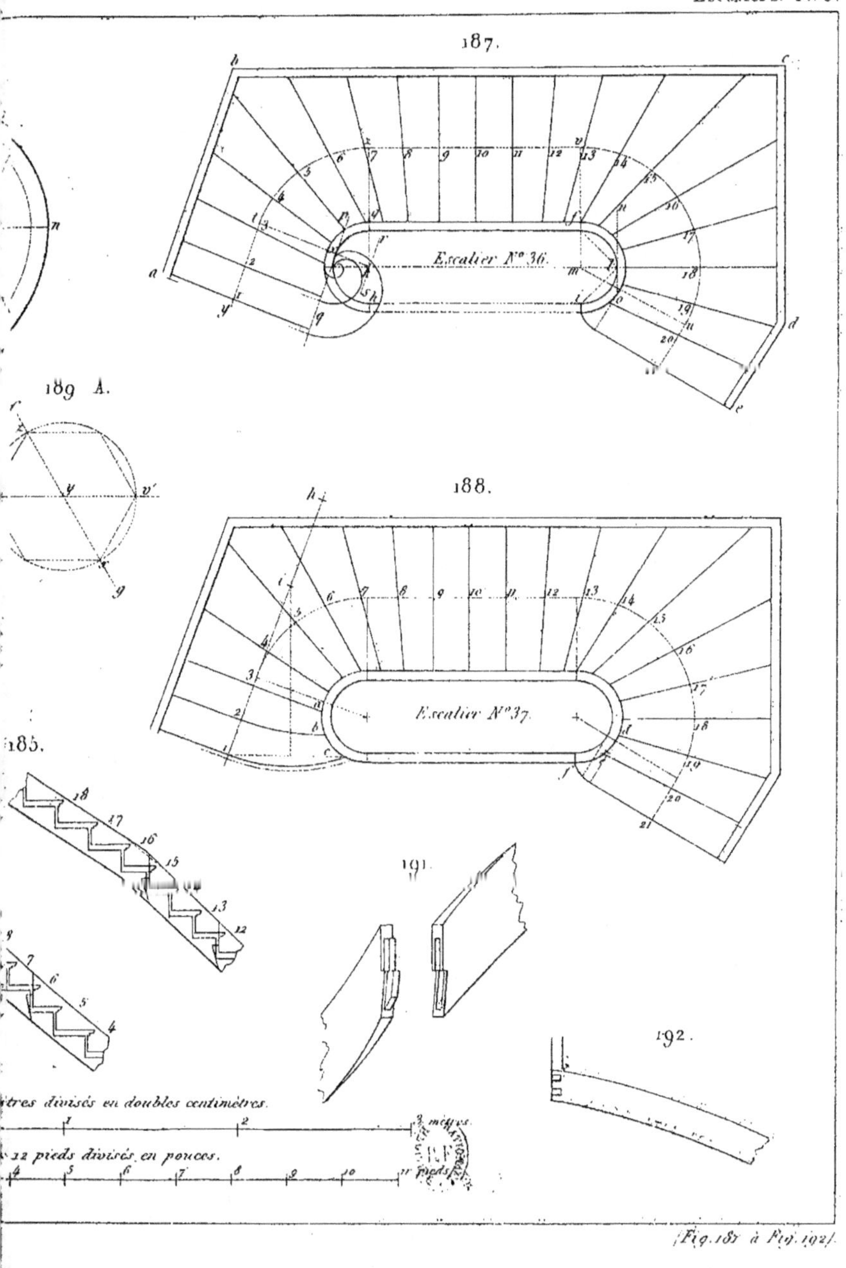

187.
Escalier Nº 36.
189 A.
188.
Escalier Nº 37.
185.
191.
192.
tres divisés en doubles centimètres.
12 pieds divisés en pouces.

Fig. 193. 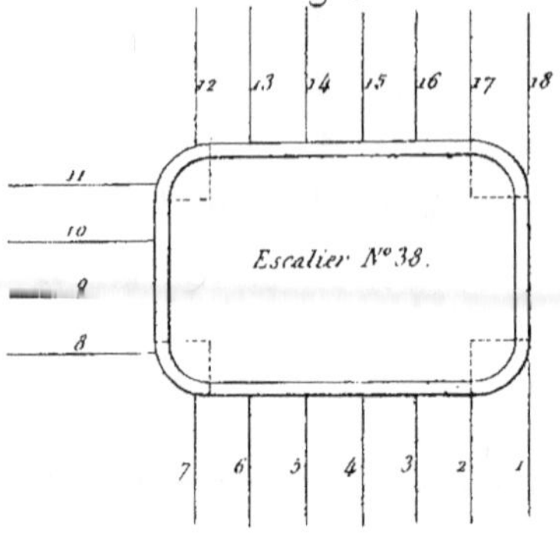
12 13 14 15 16 17 18
11
10
9
8
Escalier N° 38.
7 6 5 4 3 2 1
194.
20 19 18 17 16 15 14 13 12 u
c a b
d
c f
Escalier N° 39.
k
h
m
g
1 2 3 4 5 6 7 8 9 10
195 A.D.E
d
d
10
9
8
7
v
g
u A
12 11 10 9 8 7
f
13
c
A 14
15 Es.r N° 40.
l o 10 d a
E
D
197. 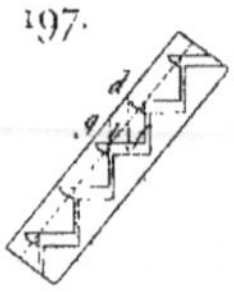 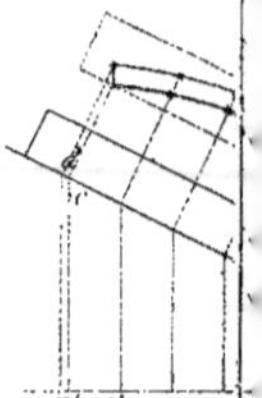
d
g
p ou o
196 A.B.C 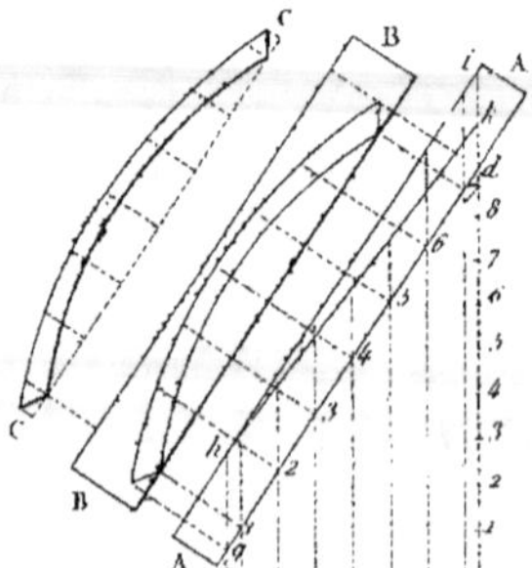
c B i A
d
8
6 7
5 6
4 5
3 4
h 2 3
2
C 1
B
A g
b c
198. 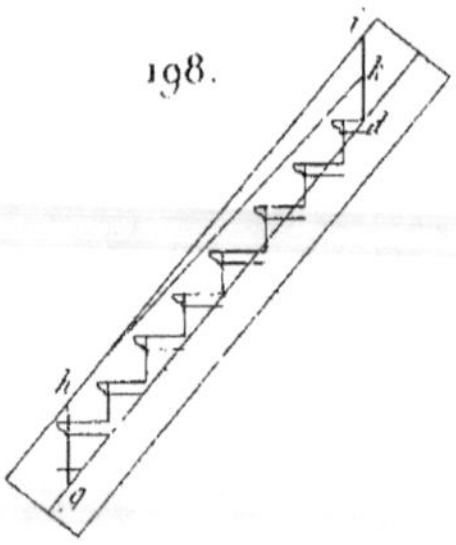 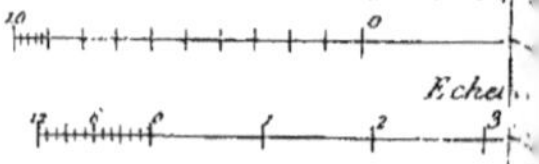
i
k
d
h
g
Echelle de
10 0
Echel
4 1 2 3

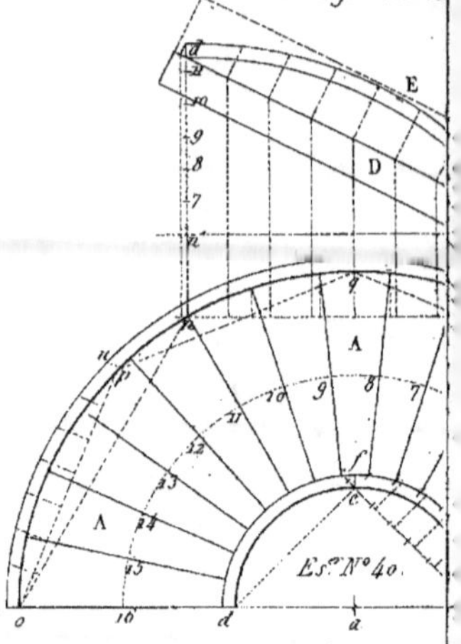

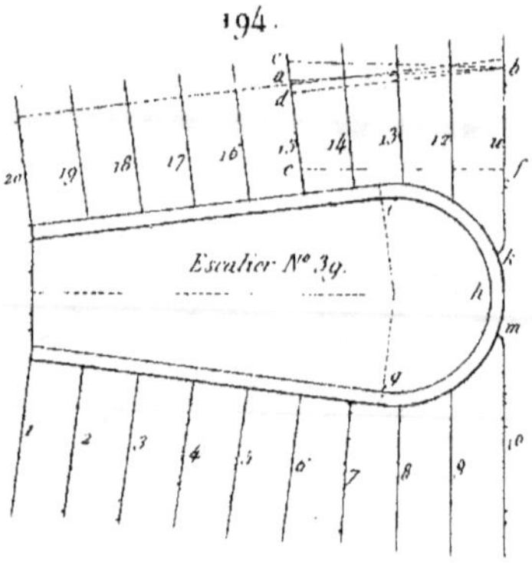

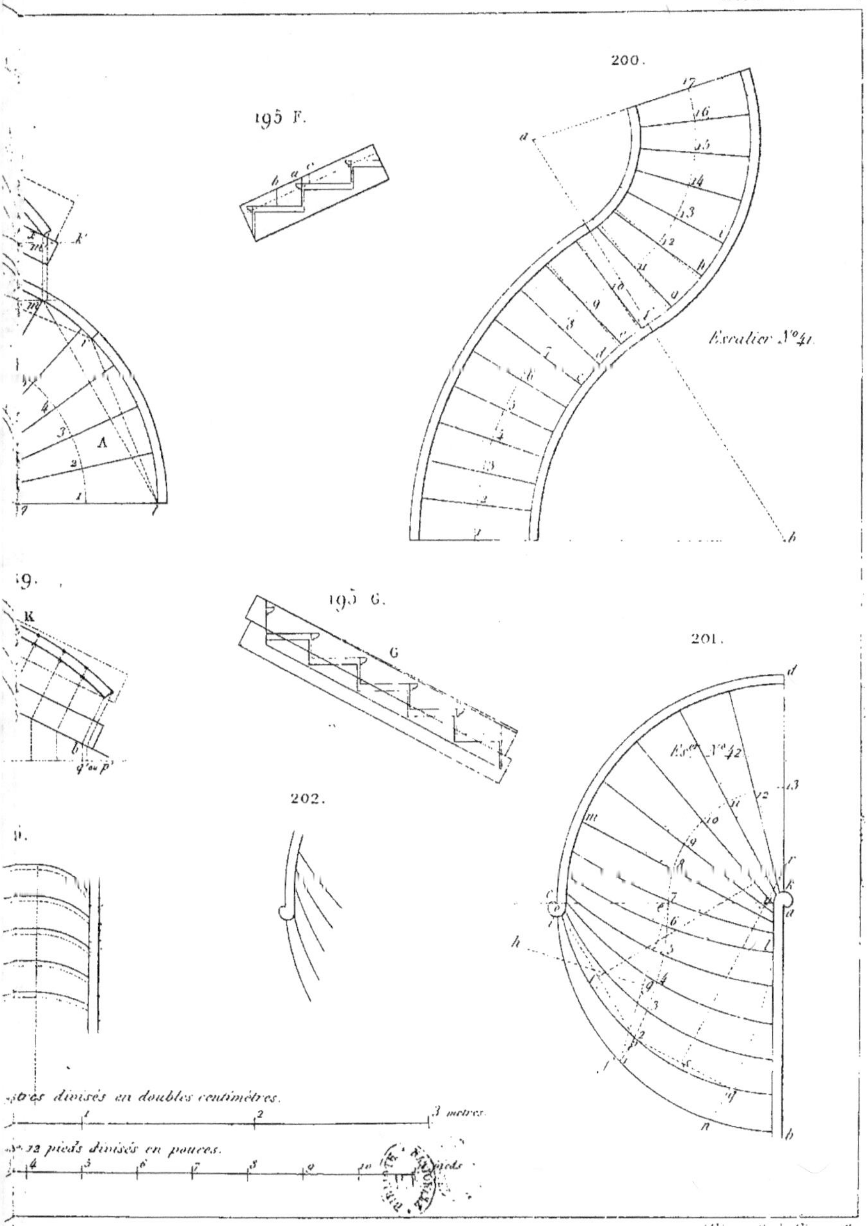

195 F.

200.

Escalier N°41.

195 G.

201.

Esc.r N°42.

202.

...res divisés en doubles centimètres.

3 metres.

...x 12 pieds divisés en pouces.

Fig. 195 à Fig. 203.

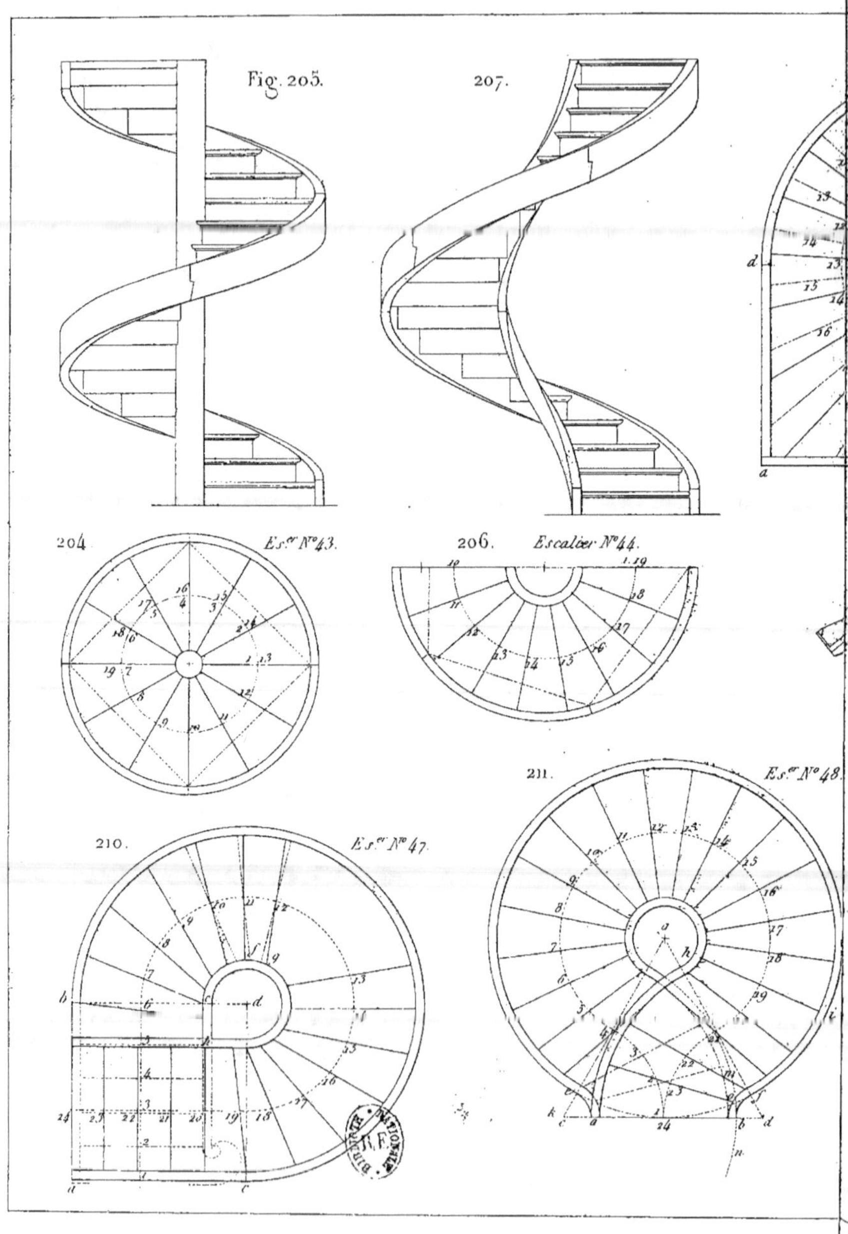

Fig. 205.
207.
204.
Es.er No 43.
206.
Escalier No 44.
210.
Es.er No 47.
211.
Es.er No 48.

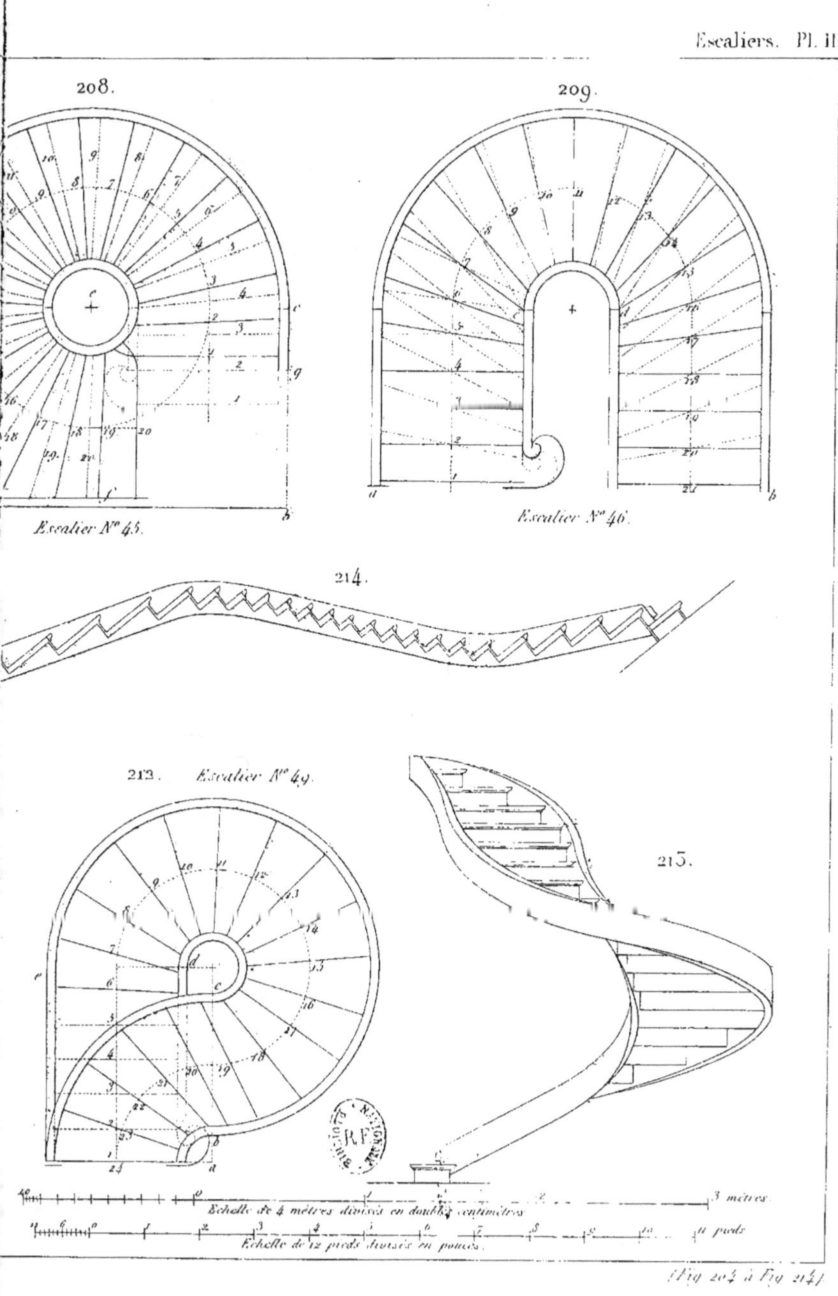
208.
209.
Escalier Nº 45.
Escalier Nº 46.
214.
213. Escalier Nº 49.
215.
Echelle de 4 mètres divisés en doubles centimètres
Echelle de 12 pieds divisés en pouces.
3 mètres
11 pieds
(Fig 204 à Fig 214)

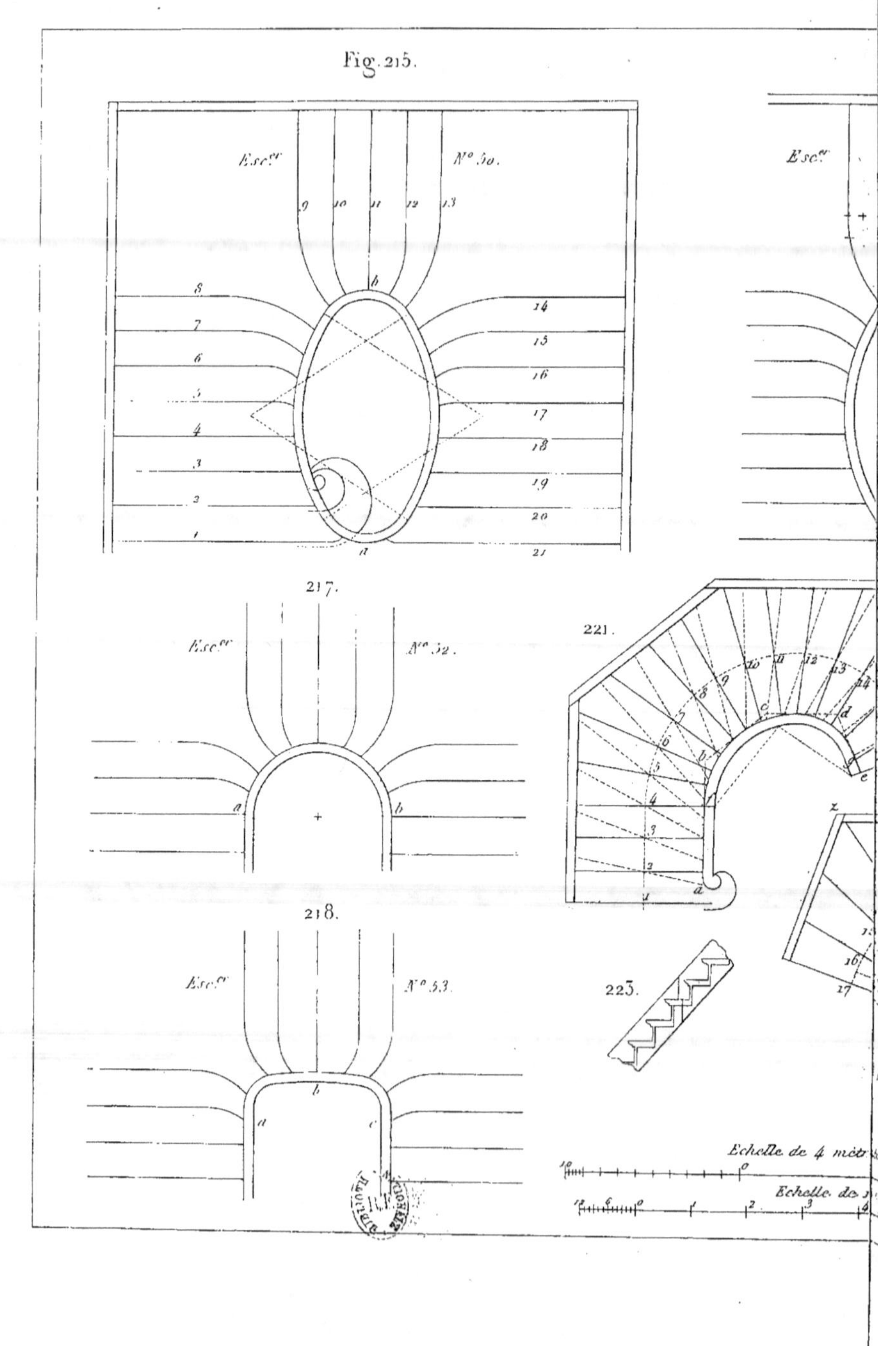

Fig. 215.

217.

221.

218.

223.

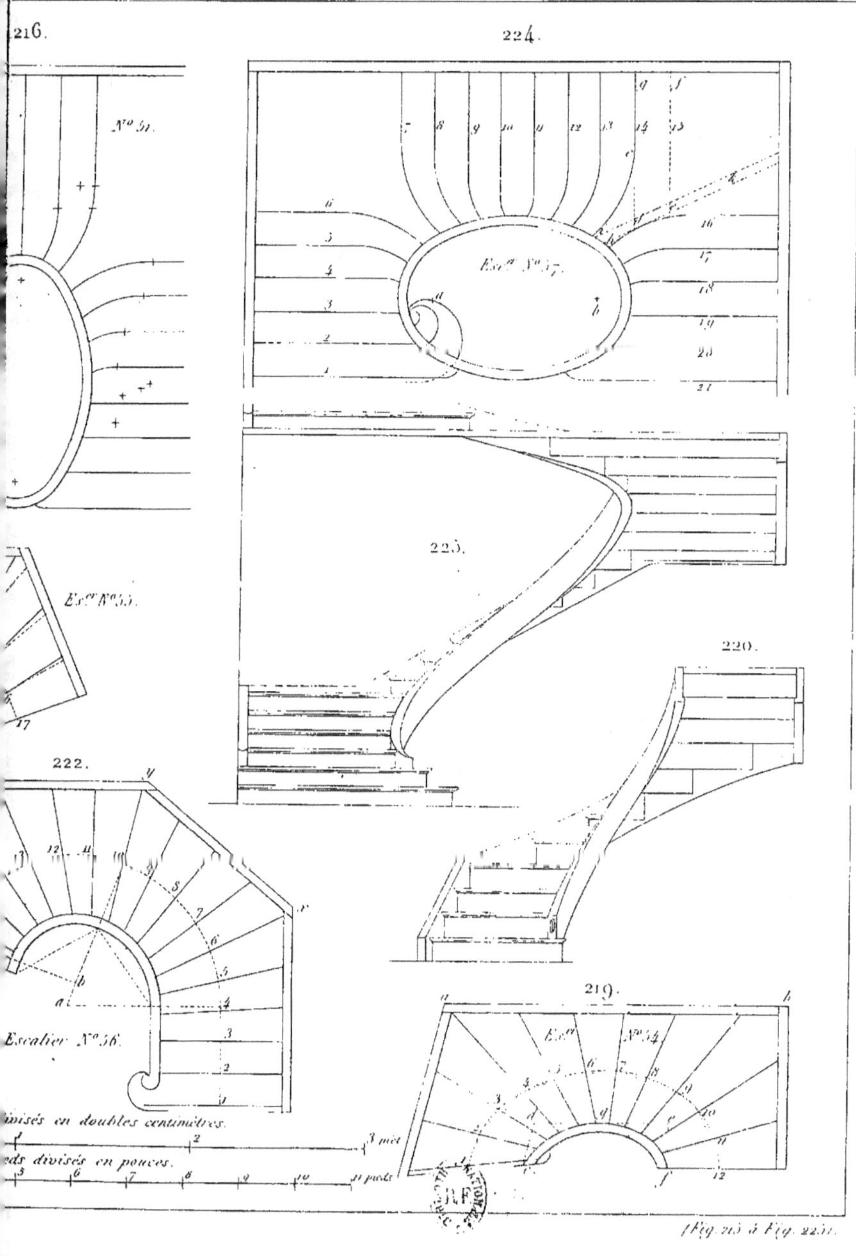
216.
224.
No 51.
Esc.r No 57.
223.
220.
222.
Escalier No 56.
219.
Esc.r No 54.
Esc.r No 55.
divisés en doubles centimètres.
ds divisés en pouces.
(Fig. 215 à Fig. 224.)

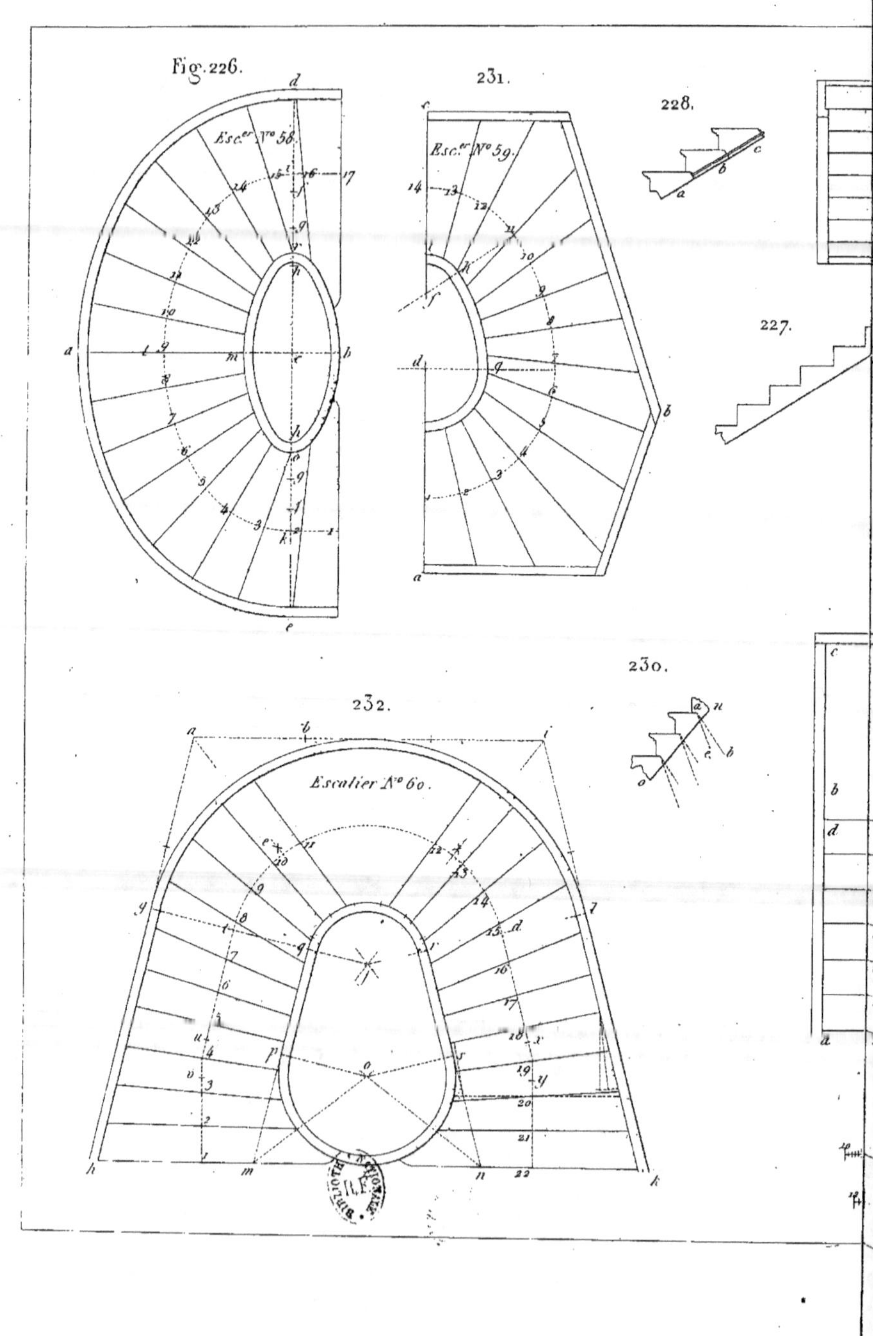

Fig. 226.
231.
228.
227.
Esc.er N.o 58.
Esc.er N.o 59.
230.
232.
Escalier N.o 60.

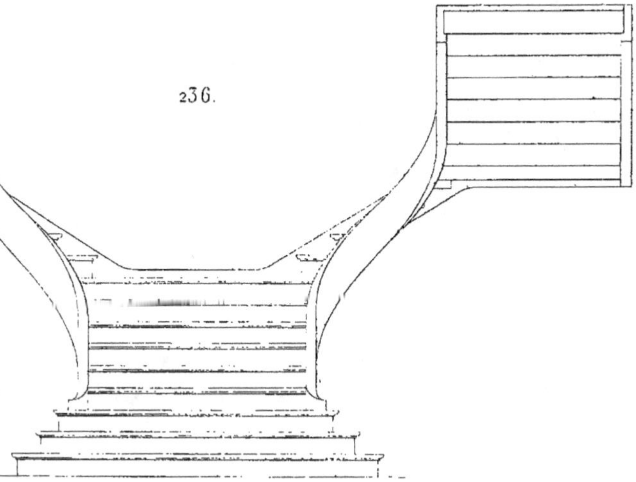

236.
229.
255.
Escalier N° 63.
14 13 12 11 10
10 11 12 13 14
9
8
7
6
5
4
3
2
1
15
16
17
18
19
20
21
15
16
17
18
19
20
21
Echelle de 4 mètres divisés en doubles centimètres.
0   1   2   3 mètres.
Echelle de 12 pieds divisés en pouces.
1   2   3   4   5   6   7   8   9   10   11 pieds.

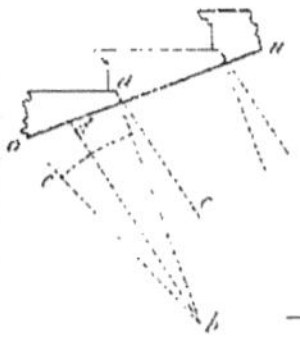

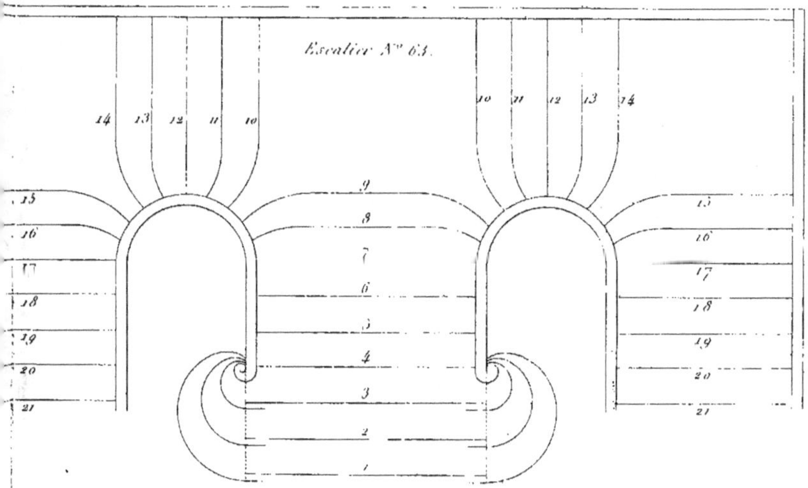

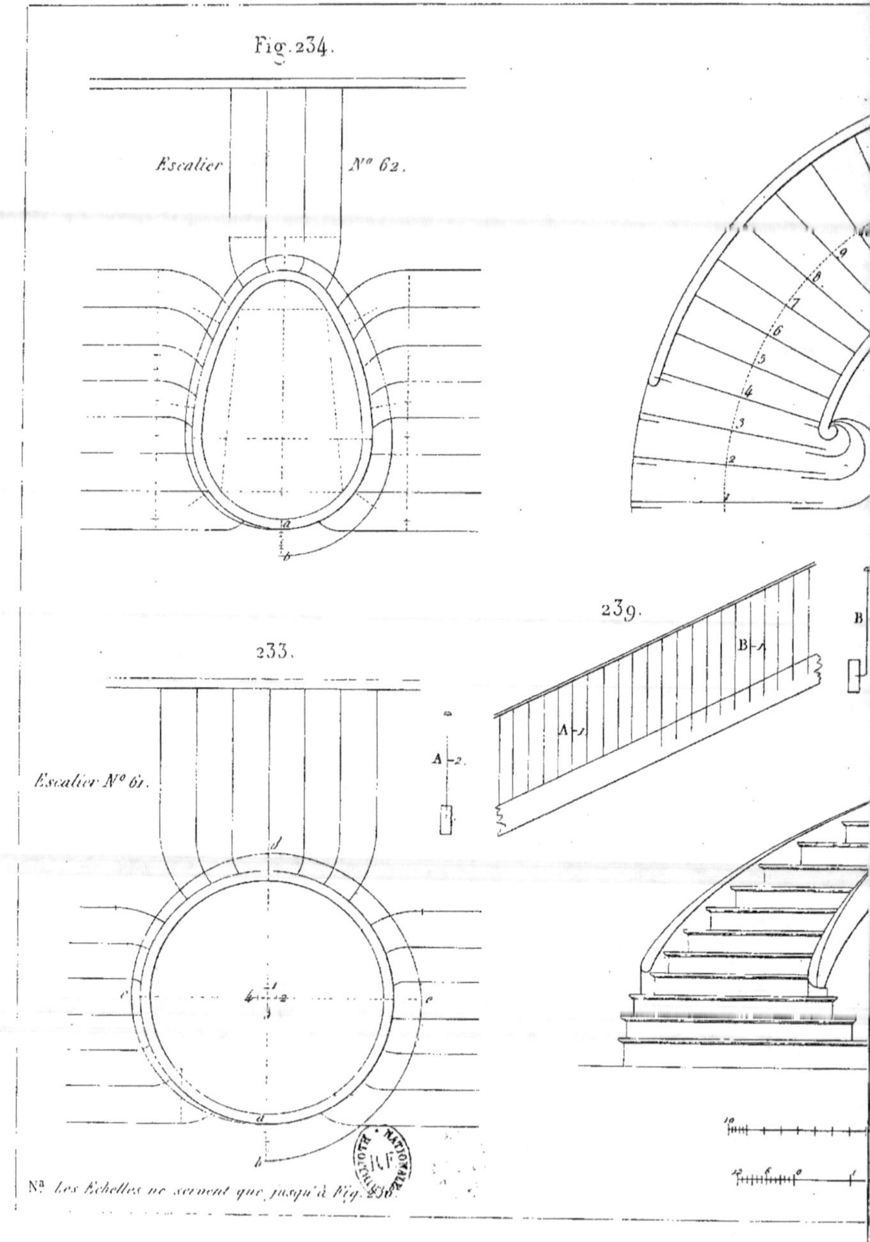

Fig. 234.
Escalier   N° 62.
a
b
233.
Escalier N° 61.
c
c
d
b
239.
B
B—1
A—1
A—2
N.ᵃ Les Echelles ne servent que jusqu'à Fig. 238.

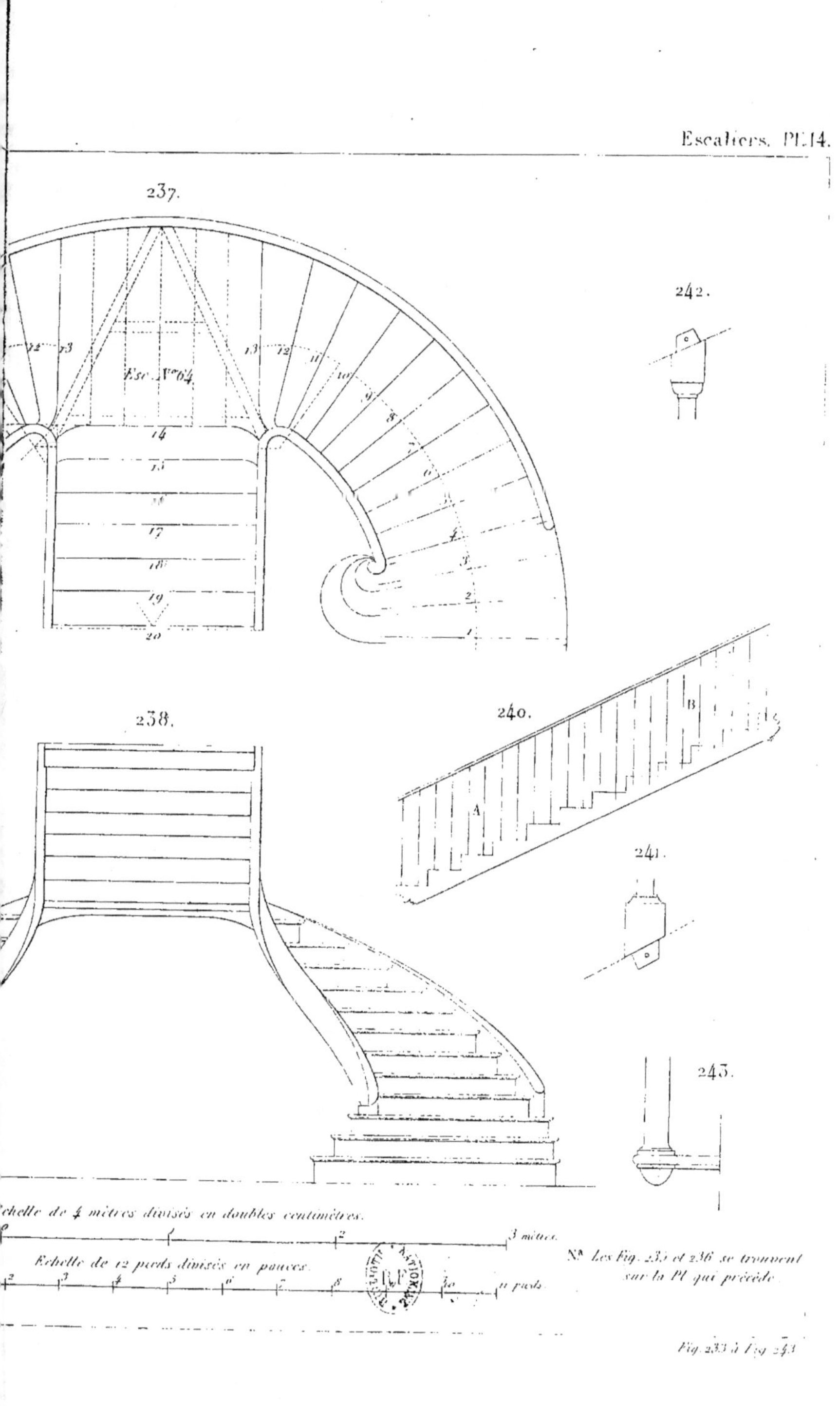
237.
242.
Esc. N°64.
240.
238.
241.
243.
A
B
Echelle de 4 mètres divisés en doubles centimètres.
3 mètres.
Echelle de 12 pieds divisés en pouces.
12 pieds.
N°. Les Fig. 235 et 236 se trouvent
sur la Pl. qui précède.
Fig. 233 à Fig. 243.

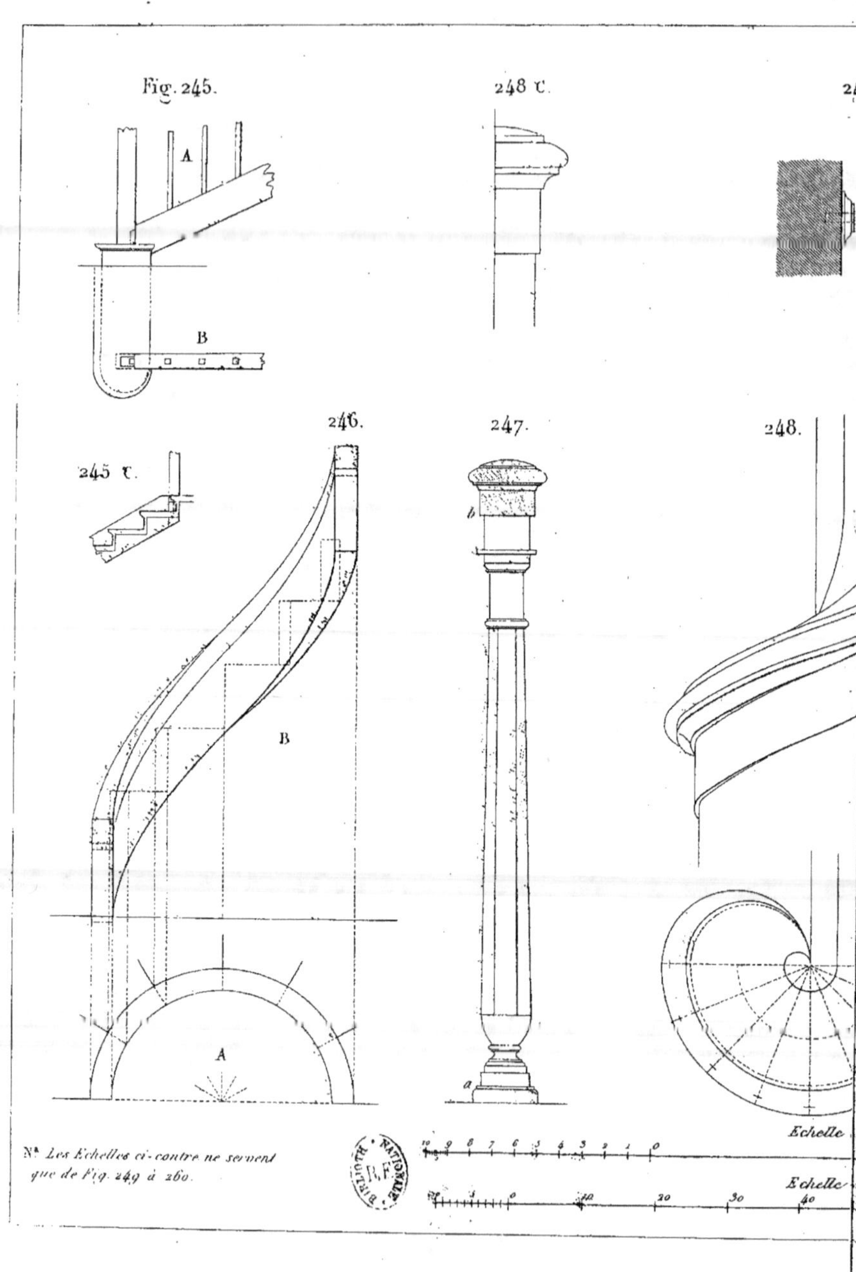

Nᵃ Les Echelles ci-contre ne servent
que de Fig. 249 à 260.

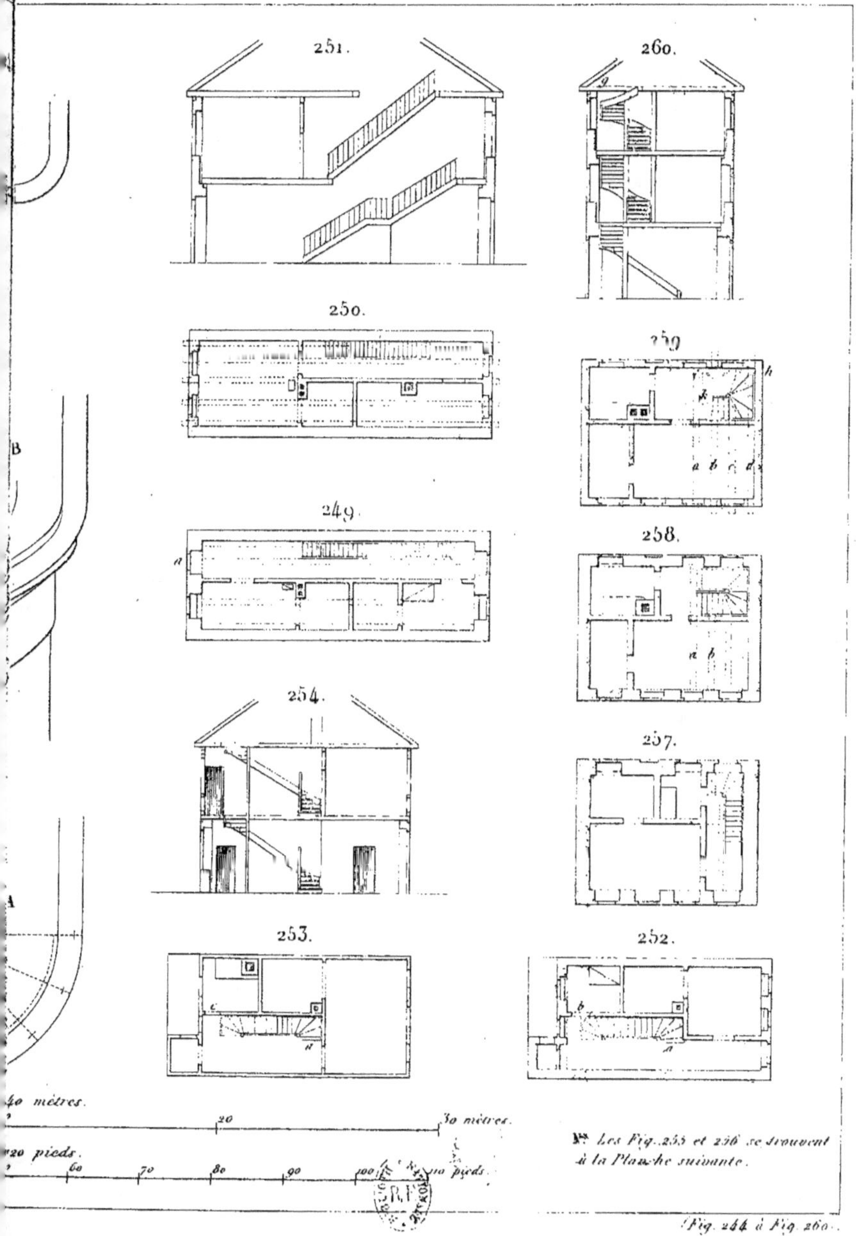

40 mètres.
20   30 mètres.
20 pieds.
60   70   80   90   100   10 pieds.

N^a Les Fig. 253 et 256 se trouvent
à la Planche suivante.

Fig. 244 à Fig. 260.

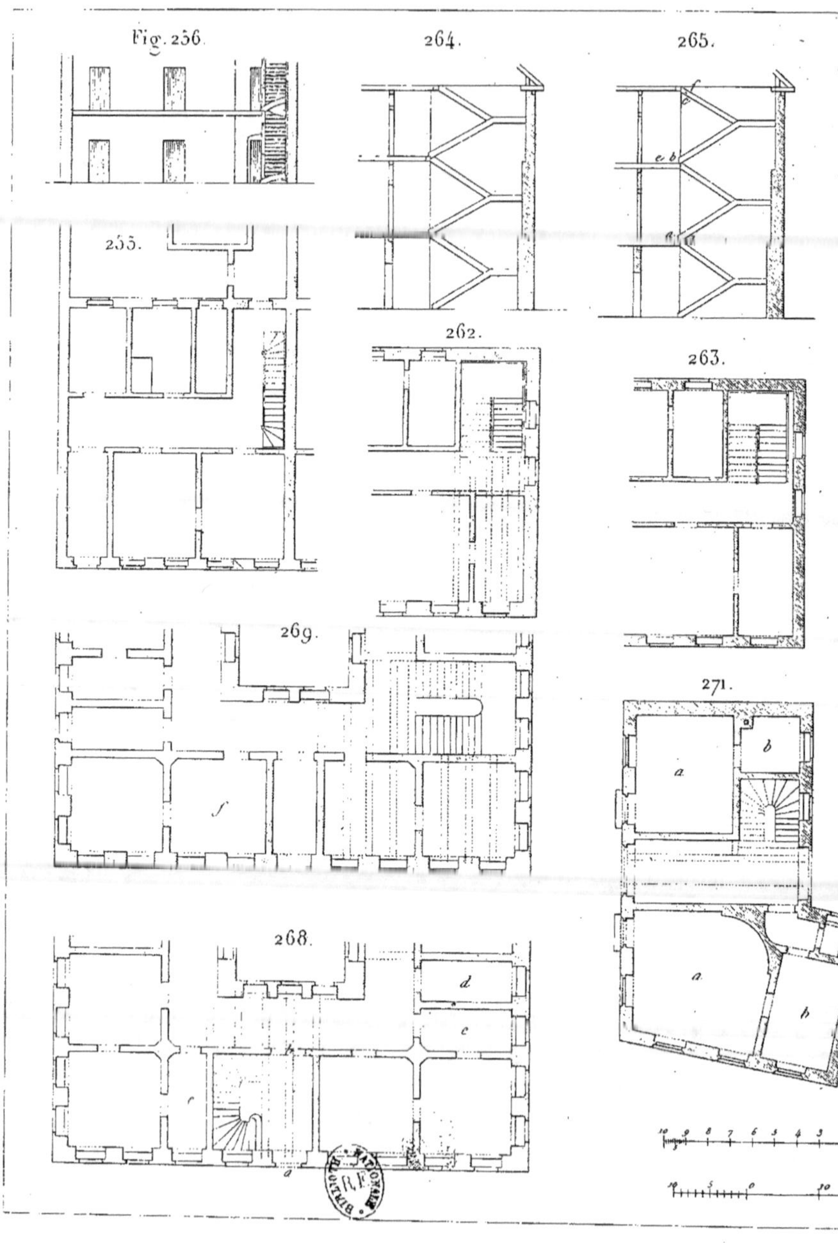

Fig. 256.
264.
265.
255.
262.
263.
269.
271.
268.

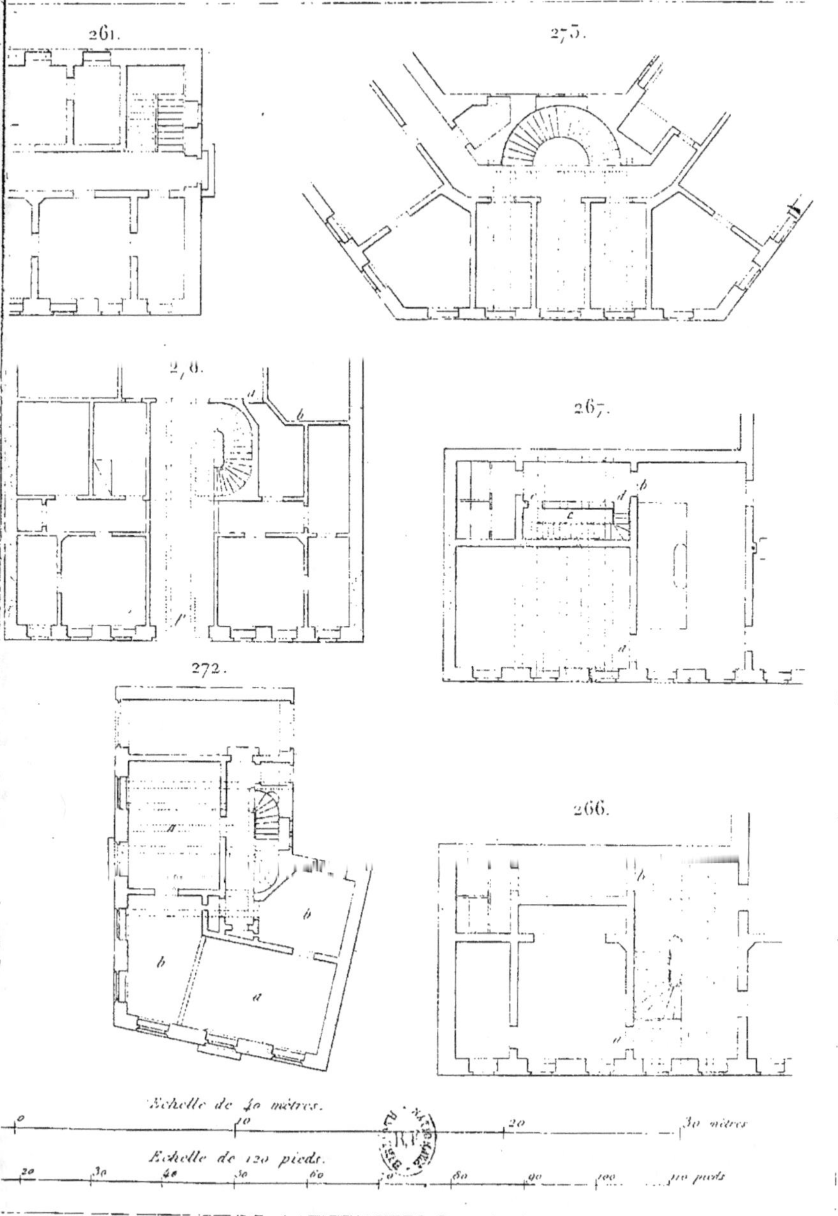

(Fig. 261 à Fig. 273.)

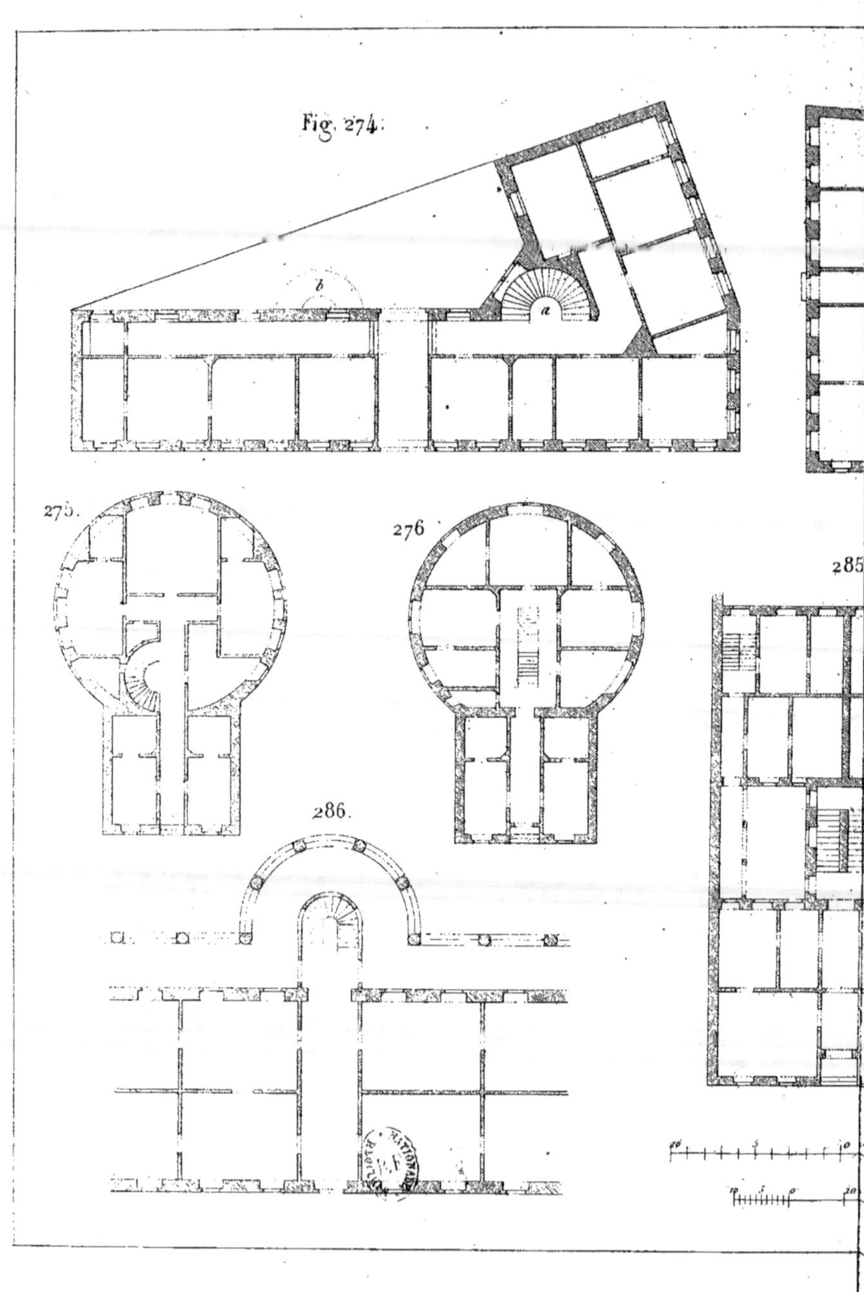

Fig. 274.
b
a
275.
276
285.
286.

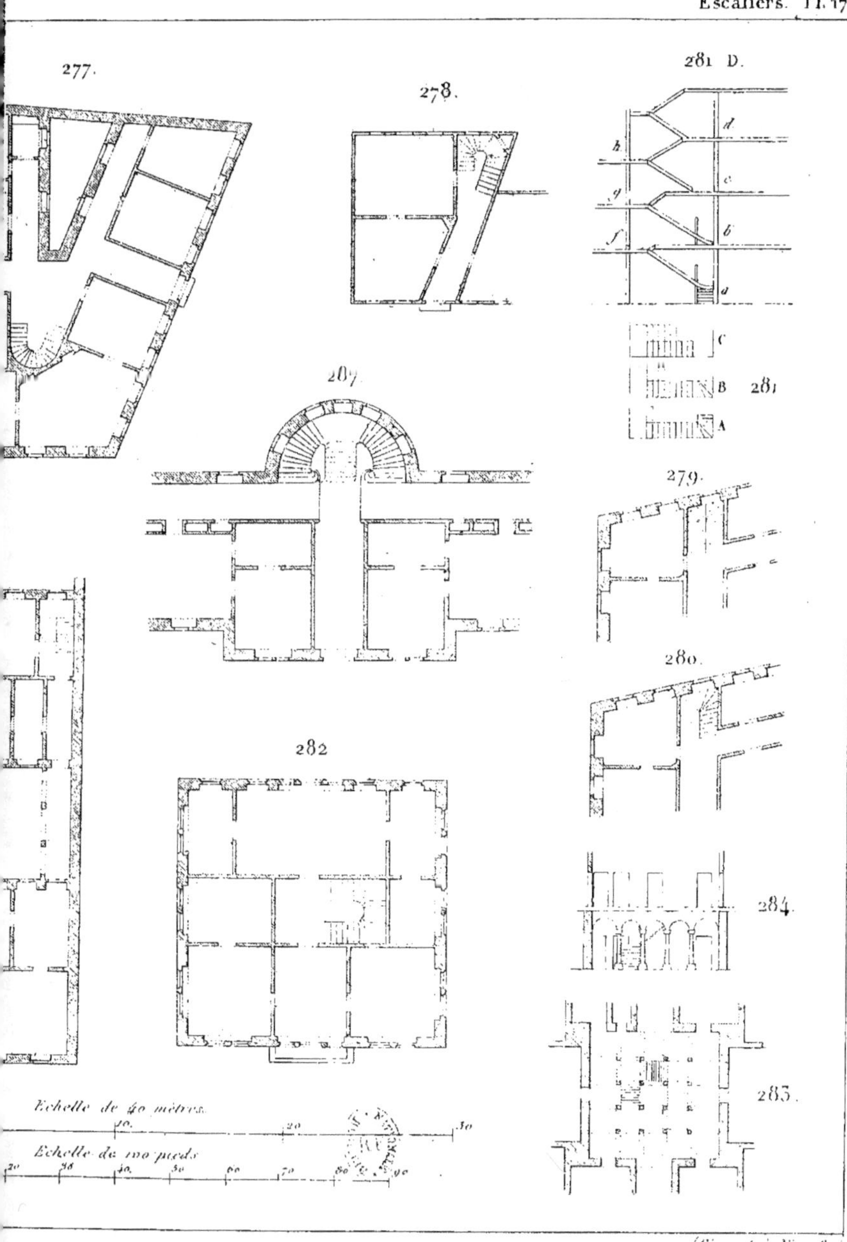
277.
278.
281 D.
280
279.
280.
282
284
283
281
Echelle de 40 mètres.
Echelle de 100 pieds.

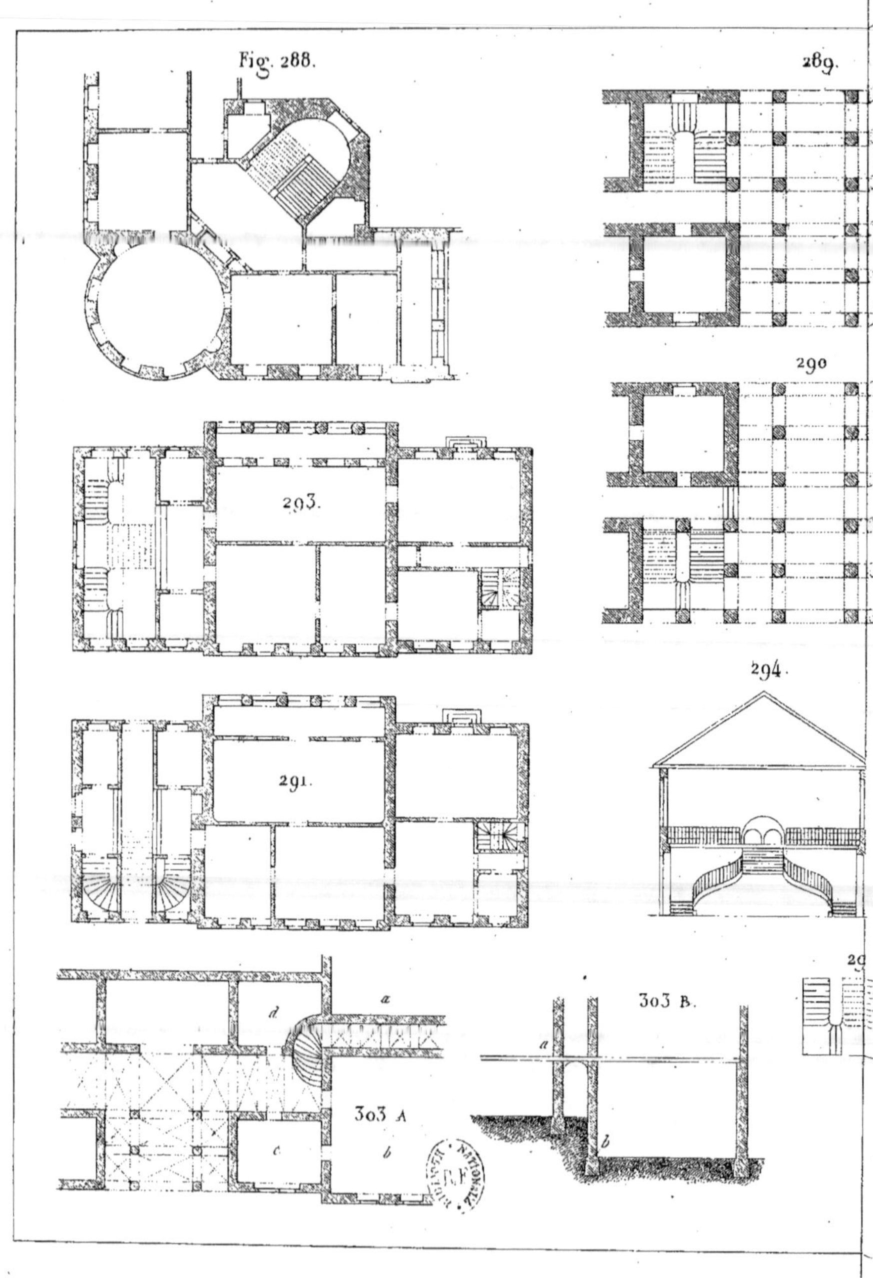

Fig. 288.
289.
290.
294.
293.
291.
303 A
303 B.
a
b
c
d
a
b

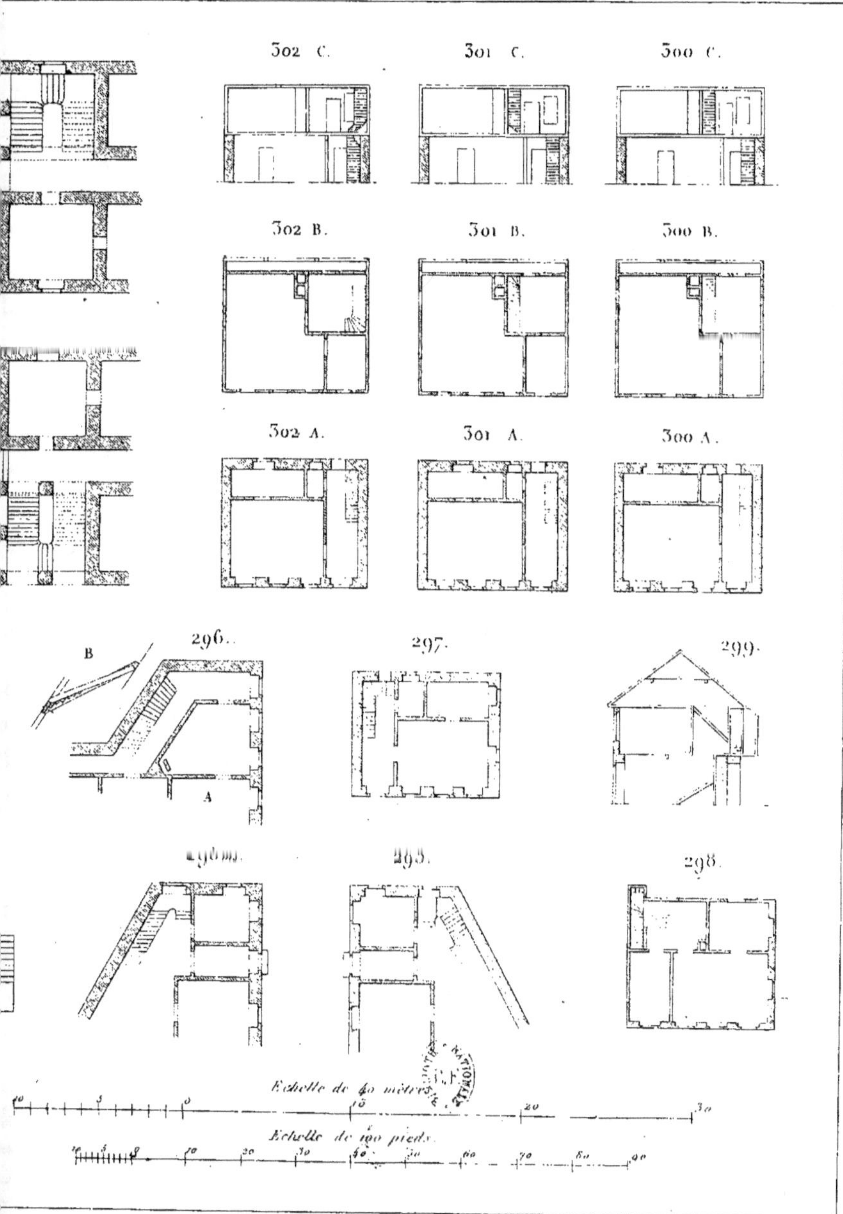
3o2 C.
3o1 C.
3oo C.
3o2 B.
3o1 B.
3oo B.
3o2 A.
3o1 A.
3oo A.
B
296.
297.
299.
A
296 bis.
295.
298.
Echelle de 40 mètres.
10
5
0
15
20
30
Echelle de 100 pieds.
10
5
0
10
20
30
40
50
60
70
80
90

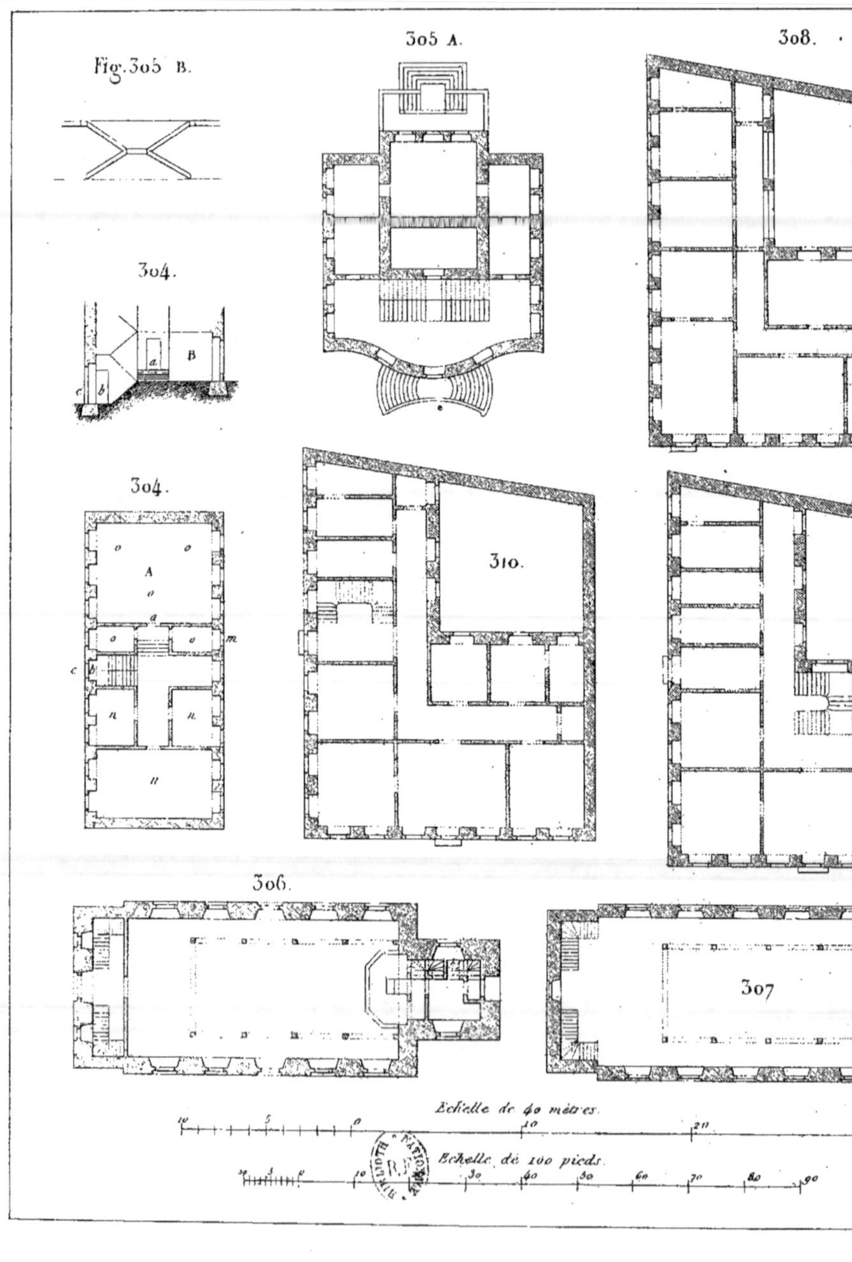

Fig. 3o5 B.
3o4.
3o4.
3o5 A.
3o8.
31o.
3o6.
3o7.
Echelle de 4o mètres.
Echelle de 100 pieds.

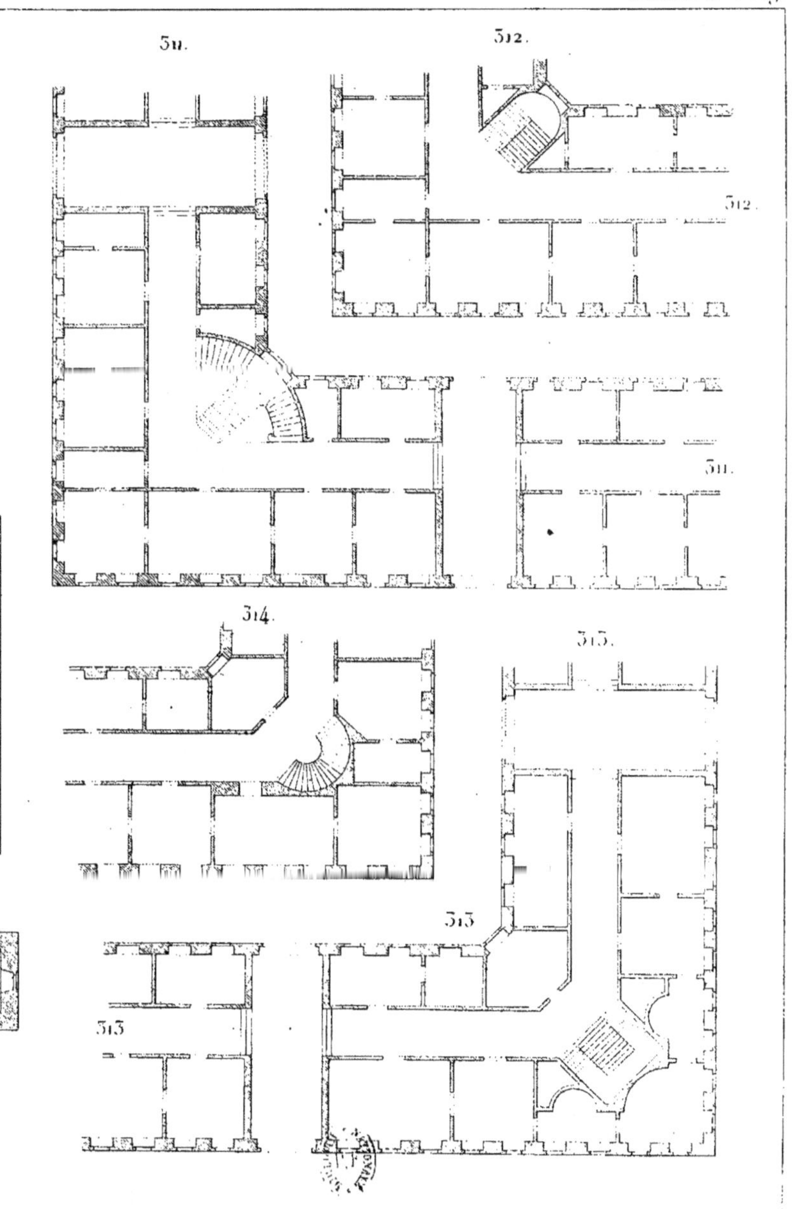
311.
312.
312.
311.
314.
315.
313.
313.
313.

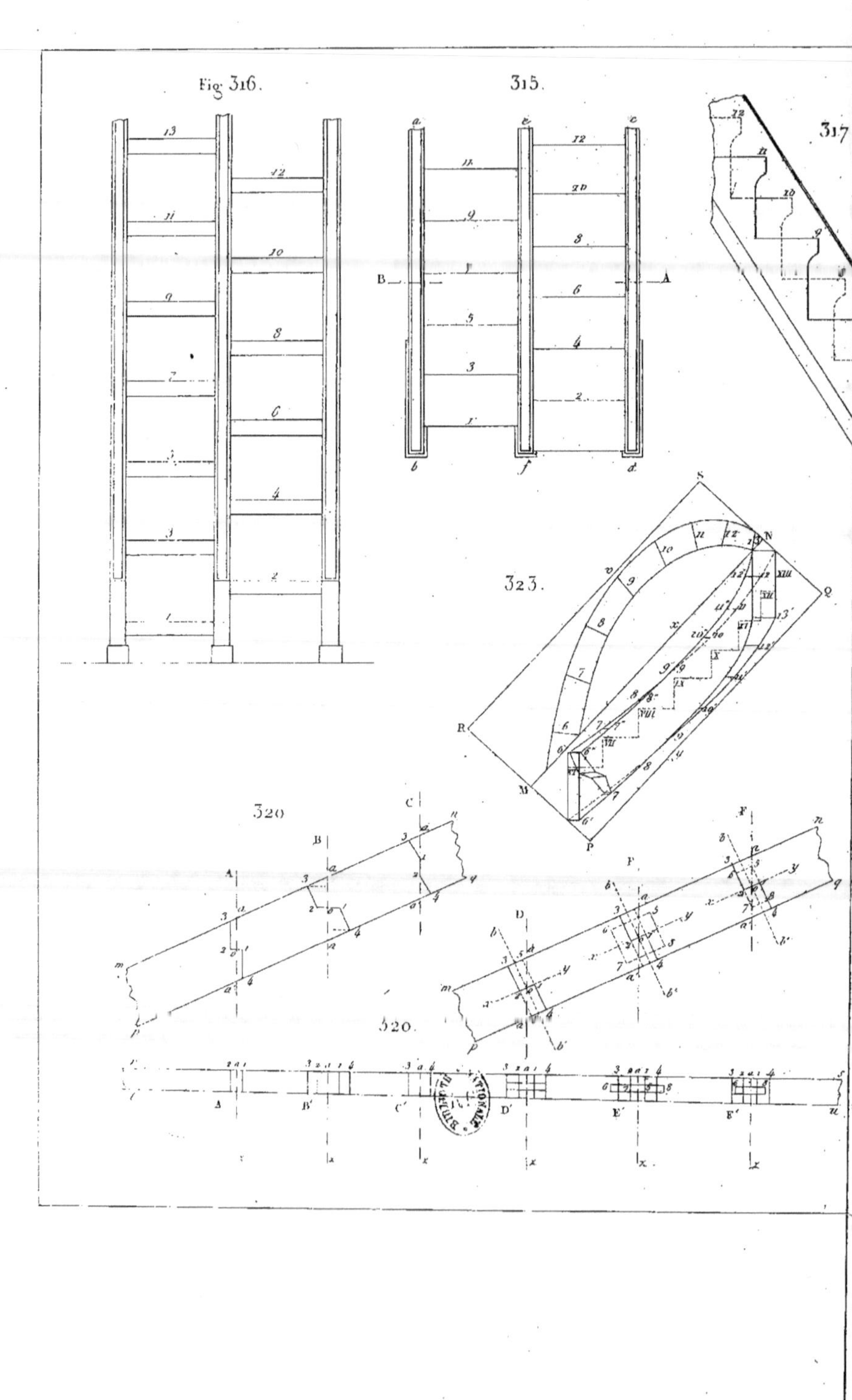

Fig 316.
315.
317
323.
320
320.

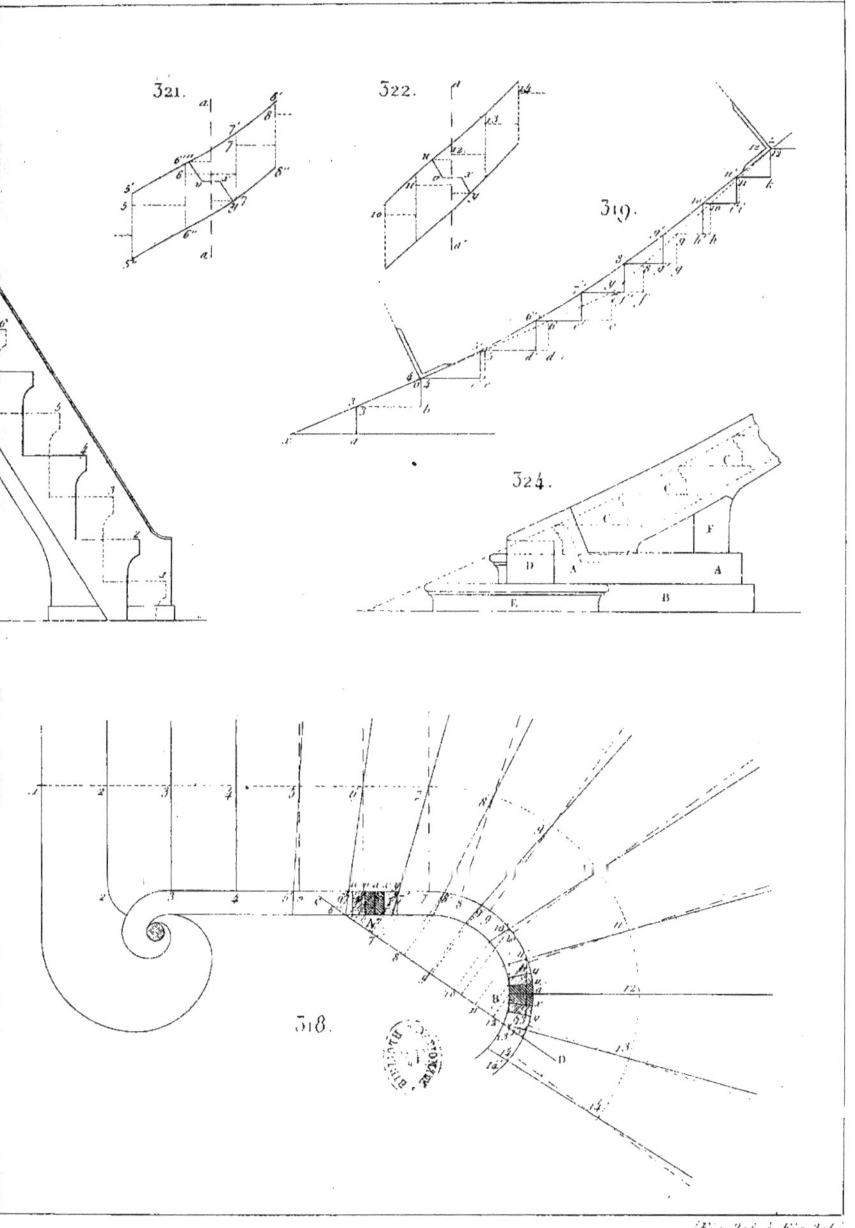